[illegible] il
vin
[illegible]

Françoys de Rez

A ma dame des trois roys [illegible]
à [illegible] [illegible] [illegible] [illegible] à [illegible]
[illegible] [illegible] [illegible] [illegible] [illegible]
[illegible] a [illegible].

[illegible] [illegible] [illegible] est fortuna [illegible]
[illegible] [illegible] [illegible] [illegible] modo [illegible] [illegible]

[illegible] [illegible] premio.

[illegible] [illegible] fit [illegible] [illegible] quod [illegible] [illegible]
[illegible] modo [illegible] pena [illegible] [illegible].

Troy

Recueil des Effigies des Roys de France auec vn sommaire des genealogies faits & gestes d'iceux.

Oratorij Parisiensis Catalogo inscriptus

A Paris, par François Desprez,
Rue Mõtorgueil, au bõ Pasteur.
1567.

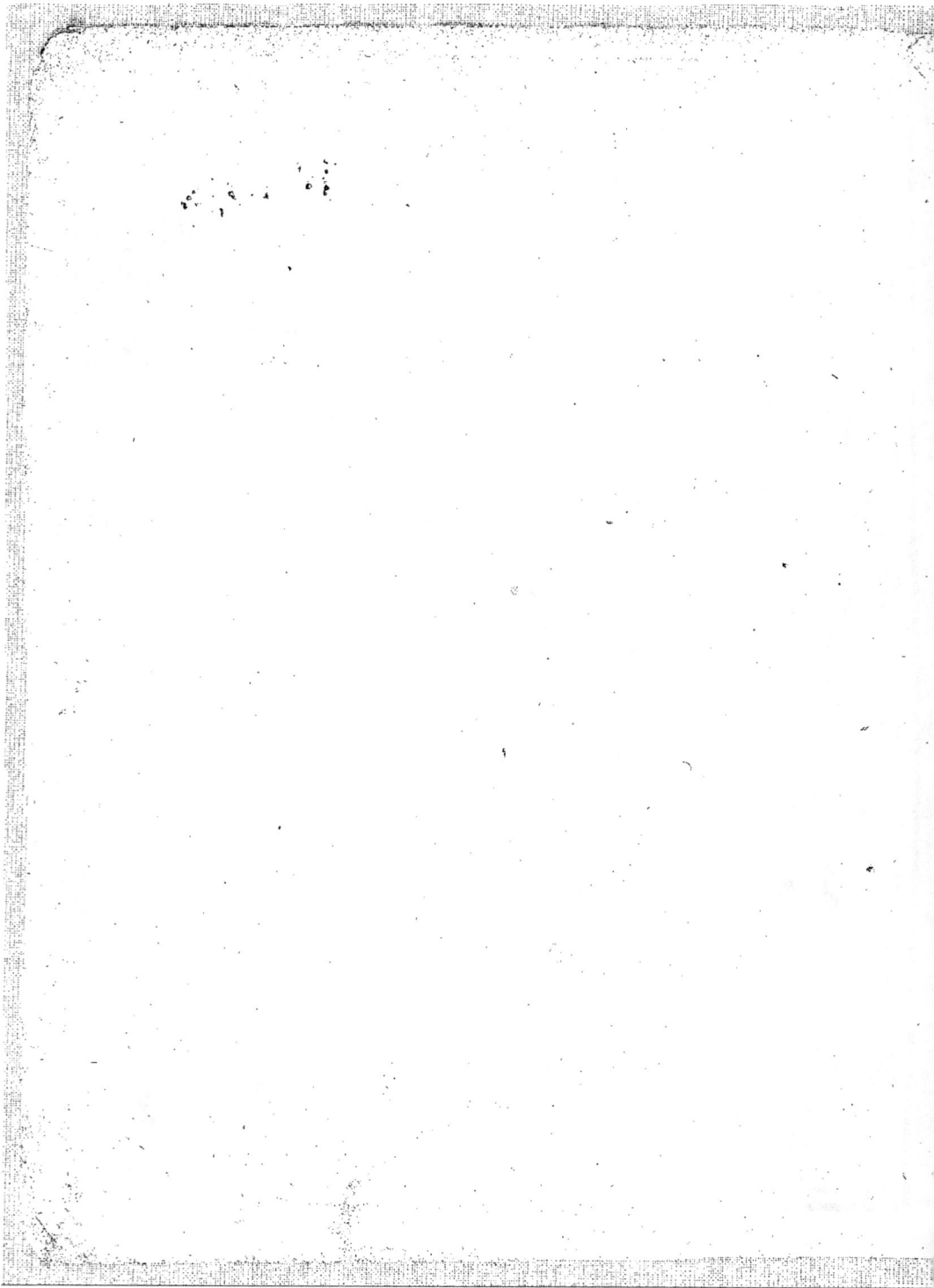

Au lecteur, salut.

LE vray amour que les Francois ont tousiours porté à leurs Roys, à esté cause que plusieurs bons personnages ont voulu celebrer par escript en renouellant & figurant leurs gestes, pour les cōmuniquer à la posterité: de maniere que nous auons les choses si viuemēt depaintes, qu'il nous semble quelles soiēt tout fraichement faicte & passees de nostre temps. Ce que de ma Part (taschāt d'enrichir, & d'y raporter quelque petite piece du miē) i'ay bien voulu faire vne recherche des plus notables figures protraictz diceux depuis Pharamond premier Roy, iusques à Charles neufiesme apresent regnāt, & iceux represēter au plus pres du naturel que m'a este possible: selon ce que i'ay peu recouurer tāt par le moiē des effigies represētées es sepultures desdictz Roys, que en plusieurs autres endroictz, ou iay cōgneu la nayueté du protraict. Ayant eu ègard de mettre tous iceux Roys, en l'ordre mesme qu'ilz ont regné: afin de cōtenter ceux qui desirēt scauoir leurs descētes, & genealogies: & pour releuer les autres de la peine de lire les Annales & croniques de Frāce. Encores pour me mettre en tout debuoir de te gratifier iay par vng mesme moyen inseré pres de chacune figure, vng petit sommaire des gestes que chacun Roy à faictes de son regne, & des principales choses aduenues durant iceluy. Lequel mien labeur que ie te dedie te plaira (amy lecteur) recepuoir d'aussi bon gré que iay prins plaisir de le drecer pour lamour de toy: a qui ie prye Dieu donner sa grace comme ie desire demourer en la tienne.

TABLE des ſommaires, contenant les, faits geſtes des Roys de France.

1. DE Pharamond, premier, Roy de France fueillet i.
2. Claudio le Cheuelu deuxieſme Roy de France. fueillet ii.
3. Meronee, troiſieme Roy de France. feuillet iii.
4. Childeric, quatrieſme Roy de Frauce. fueillet iiii.
5. Clouis, premier Roy creſtien, fueillet v.
6. Childebert, premier de ce nom fueillet vi.
7. Clotaire, premier de ce nom, fueillet vii.
8. Chereberg ou Aribert premier de ce nom fueillet viii.
9. Chilperic, premier de ce nom fueillet ix.
10. Clotaire, deuxieſme de ce nom, fueillet x.
11. Dagobert, premier de ce nom fueillet xi.
12. Clouis, deuxieſme, de ce nom, fueillet xii.
13. Clotaire, troiſieme de ce nom, fueillet xiii.
14. Childeric, deuxieſme de ce mom, fueillet xiiii.
15. Theodoric premier de ce nom fueillet xv.
16. Clouis, troiſieme de ce nom, fueillet xvi.
17. Childebert, deuxieſme de ce nom, fueillet xvii.
18. Dagobert, deuxieſme de ce nom, fueillet xviii.
19. Clotaire, quatrieſme de ce nom, fueillet xix
20. Chilperic, deuxieſme de ce nom, fueillet xx.
Charles Martel, Prince des François. fueillet xxi.
21. Theodoric deuxieſme de ce nom, fueillet xxii
22. Chideric, dict l'incencé, fueillet xxiii
23. Pepin, le Bref premier de la ſeconde generation des Roys de France fueillet xxiiii.
24. Charlemagne, Empereur & Roy de Frauce, fueillet xxv
25. Louis Debonnaire, Empereur, & Roy, fueillet xxvi
26. Charles le Chauue, Roy & Empereur fueillet xxvii.
27. Louis ſurnomme le Begue, fueillet xxviii.
28. Louis & Carloman, Roys fueillet xxix
29. Louis Feneant & Charles le Gros fueillet xxx.

Table des Roys de France,

30 Odo premier de ce nom feuillet xxxi
31. Charles le Simple, fils de Louis le Begue, fueillet xxxii
32. Raoul de Bourgongne fueillet xxxiii.
33 Louis d'oultre mer, quatriesme fueillet. xxxiiii.
34. Lotaire, troisieme, de ce nom, fueillet. xxxv.
35. Louis, cinquiesme, fueillet. xxxvi.
36. Hugue surnommé Capet, fueillet. xxxvii.
37. Robert, premier de ce nom, fueillet. xxxviii
38. Henry, premier de ce nom, fueillet. xxxix
39. Philippe, premier de ce nom, fueillet. xl.
40. Louis surnommé le Gros, fueillet xli.
41. Louis surnomme le ieune fueillet xlii.
42. Philippe Auguste, dit Dieu donné fueillet xliii.
43. Louis, pere de Sainct Louis, fueilet xliiii
44. Sainct Louis, neufiesme de ce nom, fueillet xlv.
45. Philippe, fils de Sainct Louis. fueillet lvi.
46. Philippe surnomme le Bel fueillet xlvii.
47. Louis Hutin, Roy de France & de Nauarre, fueillet xlviii.
48. Philippe surnommé le Long. fueillet xlix.
49 Charles le Bel, Roy de France & de Nauarre, fueil. l.
50 Philippe de Valoys, fueillet li.
51. Iehan, premier du nom, fueilllet lii.
52 Charles le Quint, dit le Sage, fueillet liiii
53 Charles sixiesme de ce nom. fueillet liii.
54 Charles, septiesme de ce nom, fueillet lv.
55 Louis, vnziesme de ce nom, fueillet lvi.
56 Charles, huictiesme, fueillet lvii
57. Louis douziesme, fueillet lviii.
58 François, de Valoys premier du nom, fueillet lix.
59 Henry, deuxiesme du nom, fueillet lx.
60. François deuxiesme de ce nom, fueillet lxi
61. Charles neufiesme à presant regnant fueillet lxii.
62. Henry. 3. à Fin present regnant

Pharamond, premier
Roy de France.

Du Roy Pharamond Payen, premier Roy sur les Francois, en la France Galigane.

PHARAMOND, fils de Marcomires, estoit premierement Duc de Franconye, autrement la France orientalle, qui apres auoir faict preuue de sa prouesse en plusieurs batailles, & rencontres contre les Vuãdels, & autres ses ennemis, fut élu Roy sur les François: en son aage de cinquãte ans: Et fut ceste election faicte en la Cite de Vuirzibourg, par la voix de tous les Princes, Ducz & autres Seigneurs, de France & nomemét de Salgast grand Pontife de Iupiter: des Philosophes & autres grand prestres de Diane, du consentement desquelz, fut ledict Pharamond couronné Roy de France, en l'an du monde 4380. apres la natiuité de Iesuchrist 419. Et iaçoit que Honorius lors Empereur des Romains, ne fut pas content de ceste election (pour-ce quelle preiudicioit à son Empire) si est-ce que les guerres d'entre luy & les Gots & Vuandels, furent cause, qu'il ny peut donner aucun empeschemét. Au moyen dequoy iceluy Pharamond regna paisible en ses terres: qui pour ne vouloir perdre temps, ordõna des affaires de son Royaume, & entre autre choses notables institua la loix Salicque & autres cõcernãt le reiglemét de son Royaume, & la police de son peuple: qui lors estoit assez rude, & mal façõné, de meurs & cõditions. En ce temps la, S. Hierosme Segretaire de Damasus 40. Pape, trauailloit grandement à la traduction des lettres Sainte de la langue Greçque en la langue Latine, & mourut au troisiéme du regne de Pharamond, en la ville de Betheleem. Enuirõ ce mesme temps les Vuandels, Suedes, & Allains, vsurperent les Espaignes. Lannee d'apres fut le Cõcile d'Ephese, tenu cõtre les Nectoriés & Pelagiens. Or apres que Pharamond, eut regné sept ans, (autres disét neuf.) il deceda de ce siecle, en l'an de salut 427: duquel il ne se trouue ou il fut inhumé. Vray est que quelque historiés Germains dient quil fut porté en grande superstición (à la fasson des Payens) au hault de la montaigne FranKenbreg auec son pere Marcomires ou il auoit élu son sepulchre,

Claudio, deuxiesme
Roy de France.

Du Roy Claudio, Payen dit le cheuelu, deuxiesme Roy de France.

CLAVDIO, dict le cheuelu, fils de Pharamōd, succeda au Royaume de Frāce, l'an de salut quatre cens vingt neuf. De son Regne, il porta & feit porte aux Frāçois longs cheueux & longue barbe, & ce cōtre l'Edict de Cesar, qui apres les auoir subiuguez, leur faisoit porter petis cheueux, en signe de seruitute. Autres disēt que Claudio ordōna aux François de porter le poil long, afin d'estre mieux congnuz dentre les Gaulois: lesquelz estant prins en guerre, il faisoit tō dre cōme serfz & esclaues. Il est assez notoire que la fasson de porter lōgue barbe à duré iusques au Regne de Louys le Ieune qui fut le 41. Roy de Frāce, auquel temps ledict Roy par le conseil de maistre Pierre Lombard, ne voulut plus porter lōgue barbe ne ses subiectz aussi: Ce qui eut cours, iusques au regne du Roy François premier de ce nom, qui cōmencea à porter lōgue barbe. Or voyāt Claudio que les Romains estoient grādemēt affoibliz par les guerres quilz auoyēt souffers par les Visigots, ne voulut perdre loccasion de leuer vne armée pour laugmētation de son Royaume, & tant fit par son adresse qu'l subiuga les Thuringiens qu'on appelle maintenāt Lorrains, par-ce quilz auoient rompu l'alliance anciēnemēt faicte, entre les Saxons, Germains, & François: dont furent iceux cōtrains pour ne les auoir voulu tenir pour compaignons les appeller Roy & Seigneurs. Mesmemēt Claudio vint deuāt Cābray, qu'il print d'assault & feit mettre à mort tous les Romains qui estoient leans, ce faict donna le choc pres de la riuiere du Rhin aux Romains, qui se y estoient campez, de la passant oultre la forest charbonniere, print Tournay, nonobstāt les furieuses sailliesfaictes par ceux qui y estoiēt en garnison, lesquelz furent deffaictz. Puis suiuant sa bonne fortune, sen vint en Bourgongne laquelle il conquit, print Thoulouze, Angoulesme, & toute l'Aquitaine. Le septiesme du regne de Claudio, trepassa S. Augustin. En ce mesme temps regnoit S. Germain, Euesque d'Auxerre, Iehan Damascene, & Paul Oroze historien. Claudio ayant regne dixhuict ans, alla de vie à trespas en l'an de grace 448. Il ne se trouue où il fut inhumé.

Meronee, Payen iii^e
Roy de France

Du Roy Meronée, Payen troisième Roy de France.

MERONEE, fut courōné pour troisiéme Roy de France, comme estant le plus proche, en ligne colaterale, de Claudio le cheuelu: & combien que quelques vns ayent dit quil estoit fils de Claudio, cela n'est à croire: veu qu'il ne s'en trouue rien es hictoires de France: toutefois chascun est d'acord qu'en luy fut le commencement de la generation des Roys de Frāce: qui dura en droicte ligne, iusques au Roy Pepin, fils de Charles Martel. Ledict Meronée fut dict le hardy à cause des hazardeuses entreprises ou il fut en persōne, & nomemēt contre les Huns, apresent nōmez Hongres, lesquelz (ayans pour leur conducteur Attila, frere du Roy Bleda,) s'assemblerent en vne forte armée, & gasterent les villes de Coulongne, & de Treues, auec plusieurs chasteaux & forteresses situees sur le Rhin: & mesmemēt s'accroissant tousiours leur nombre, trauerserent la France, & assiegerēt Orleans: dont Meronee fut contrainct requerir ayde de Theodoric, Roy des Visegots, & d'Aetius Capitaine des Romains: & auec tel ayde leur liura vne si furieuse bataille es champs Catalauniques: quil y demeura tant d'une part que d'autre, cent quatre vingt dix mille hommes, & alors Attila, voyant tous ses gens en fuyte, & ne les pouuāt ramasser, fut contrainct se retirer en Hongrie, auec honte & perte des plus expers de ses souldats, qui auoiēt este mis au fil de l'espée. Du depuis Meronee estant paruenu au dessus de ses affaires, feit cōqueste de grande partie des Gaules: cōme des villes de Sens, Paris, & autres lieux, sans quil trouua hōmes, qui luy eut ozé faire teste. Et lors ce qui s'appeloit Gaule, commencea à estre nōmée France. Iceluy Meronee feit mourir cruellement par feu vng sien fils: pource qu'il auoit tué le Roy de Cornouaille, qui venoit de s'ebattre: lors Cornouaille, estoit tributaire à France. Ledit Meronee ayant fort accreu son Royaume, & regné 10. ans il deceda l'an 458. En ce temps, Artus Roy d'Angleterre, pour euiter le debat que ses cheualiers faisoient pour leur preeminēce, les faisoit assoir tout expres à vne table ronde: dont depuis furent appelez les cheualliers de la table ronde.

Childeric, quatriesme Roy de France.

Du Roy Childeric, Payen premier de ce nom, quatriesme Roy de France.

CHILDERIC, fils de Meronée, fut quatriesme Roy de Frãce, Il estoit homme fort accompli en beauté & bonne grace: mais sa lubricité luy fit tant oublier le deuoir de vray Roy, qu'il luy print mal de sa mauuaise vie. Car, à cause qu'il abusoit plusieurs fẽmes & filles notables, la haine des Seigneurs de France fut si grande cõtre luy, qu'il fut cotraint se sauuer en Thuringe, à presẽt dicte Lorraine: & ce par le conseil d'un sien amy & fauory, nõme Vidomarc: lequel ayant coupé vn anneau en deux parts, luy en bailla la moictie: & l'asseura que, quand il luy enuoiroit l'autre moictie, pouroit reuenir seurement. Cependant que Childeric estoit absent, fut eleu en son lieu pour gouuerner le Royaume, vn certain Rommain, nommé Gillon: qui tenoit Soissons: lequel Gillon fit tãt d'exactions sur les François, qu'il leur print enuye de rappeller Childeric: qui reuint ayãt esté huict ans fugitif & chacea ledit Gillõ. Surquoy fault noter que Vidomarc amy de Childeric, feit toute ceste menée. S'estant donc Gillon retiré à Coulonge, fut poursuiuy, & la ville prise: dont il eschappa, finalemẽt se vint rãger à Soissõs, ou il trespassa. Et alors Childeric pensa estre paisible: mais il luy conuint donner bataille contre Andrache: Duc des Saxons, qui vouloit occuper Orleans: dont il fut repousse, & ayant eu du pire, force luy fut soy retirer à Angers, vers le Conte Paul. Romain, à raison dequoy la ville fut prise & brulée, & le Conte Paul tué. Toutefois Childeric fut contraint apointer auec Andrache, à cause que les Allemans s'estoiẽt rebellez contre luy. En fin, apres auoir regné vingt ans, alla de vie à trepas, en l'an 485. laissant pour successeur son fils Clouis, qu'il auoit engendré, & deux filles aussi, en la Royne de Turinges, laquelle (ayant laissé son mary Basin, Roy des Thuringiens) l'auoit suiuy iusqu'en France pour le grãd amour quelle luy portoit aussi. la print-il pour espouse à cause des graces & vertu don elle estoit tresaccomplie, encores quelle fut de la religion Paienne.

Clouis, premier
Roy Crestien

De Clouis, cinquiesme Roy de France, & le premier de la religion Crestienne

CLOVIS, premier Roy crestien, fils de Childeric fut 5. Roy de Frãce, en l'an de salut 485 Quelque temps apres, il espousa Clotilde de Bourgõgne: & d'elle tenãt la loix crestienne, eut vn fils: qu'elle fit baptiser: mais il mourut incontinãt: dont elle fut mal-voulue du Roy: pour autant qu'il presumoit que cette mort estoit aduenue à cause d'iceluy baptesme. Or cõbien que les Roys precedés eussẽt par plusieurs fois veincu les Capitaines Romains, si est-ce que Siagre, fils de Gillon, tenoit Soissons, & partie de la Gaule Belgique, toutefois il fut cõtraict, par Clouis de quicter le tout, & fuir iusques à Thoulouze, vers Alaric, Roy des Visegots: duquel il fut trahy, & liuré à Clouis: qui le fit decapiter. Et des lors les Romains ne dominerẽt plus en Frãce. Ce pendant la Royne Clotilde taschoit par tous moiens, à faire tant que le Roy son espoux, deuinst Crestien, aquoy il ne vouloit entendre: soustenãt que sa religion estoit bonne, & que ses predecesseurs y auoient heureusemẽt vescu. Mais il aduint que Clouis, ayant veincu Besin, Roy de Thuringe, & fait marcher son armée contre les Allemans (qui descendoyẽt à grãd compaignie, en intention de chacer les François hors des Gaules) fut par eux si vigoureusemẽt soustenu, quil se trouua en grãd peril: & fut contrainct (se deffiant de ses dieux) requerir en ayde le Dieu de Clotilde, promectant se faire crestien, s'il obtenoit victoire. Ce qui aduint: pourtant se fit baptiser par S. Remy, à son retour à Reims, ou sa femme Clotilde l'attendoit en grand ioye. Aussi changea ses armes: & prist les fleurs delis d'or, en champ d'azur. Quelque temps apres, il guerroya Gõdebaut, Roy de Bourgõgne Puis ayant veincu Alaric, cõquit sur les Visegotz, le Pais d'Aquitaine, & tint finalement presque toutes les Gaules, & Allemaigne: dont l'Empereur Anastase luy enuoia vne courõne d'or, auec le tiltre de Patrice & Consul. En fin, apres auoir regnê trente ans deceda l'an 514 laissãt de Clotilde trois fils legitimes, & de quelque concubine vn sien Bastard. Son corps gist à Paris en l'Eglise S. Pierre S. Paul quil auoit fondêe dicte Saincte Geneuiefue

Childebert, ſixieſme
Roy de France.

Du Roy Childebert, Premier de ce nom, sixiesme Roy de France.

CHILDEBERT, fils aisné du Roy Clouis, feit partage auec ses freres: par lequel partage Paris luy demoura: & fut le sixiesme Roy de France, l'an 515. Orleans demoura à Clodomir: Soissons à Clotaire: & Metz à Theodoric le Bastard: & chacun d'eux print tiltre de Roy. Quand Clotilde mere des trois legitimes les, veit aptes à porter armes, elle les incita à venger la mort de son pere, leur ayeul, & à retirer le Royaume de Bourgongue, qui luy auoit esté tolu: acause dequoy les dessusdictz feirēt cruelle guerre à Sigismōd qui tenoit ledit Royaume, la ou il fut tué auec sa femme, & ses enfans, par Clodomir Roy d'Orleans: lequel, pensant suyure sa bōne fortune fut aussi tué par Gōdomar, qui feingnoit de s'en fuyr, pour enclore ledit Clodomir. Clotilde fort dolente de ce meschef, print les trois fils dudit Clodomir sous sa tutelle: mais Clotaire (s'estant acosté de Childebert) & ayant desir d'auoir leur Royaume, en tua deux de sa main: le tiers estant eschappé fut faict moine: qu'on dict estre S. Clou: dont icelle Clotilde sachant ce meschāt acte, s'en alla à Tours, ou elle vescut en grande tristesse le reste de ses iours. Quelque tēps apres, les deux freres (cest assauoir Childebert & Clotaire se deffians l'un de l'autre, firent grāds preparatifs de guerre, & estāt prest à s'entredonner le choc pres d'Orleans, vn orage s'esleua si grand, & impetueux quilz furent contraincts d'accorder, apres lequel accord ils feirent marcher leur armées en Espaigne, contre Almaric, qui auoit espousé leur sœur, sur lequel ils conquirent Tolete, finalement apres plusieurs guerre il fut tué: & ramenerent leur soeur hors d'Espaigne, acause qu'elle y estoit mal traictée, ne voulant tenir leur heresie Arrienne. Ledit Childebert ayant regné 45. ans, deceda en l'an 559, ne laissant aucuns hoirs pour luy succeder: il fut enterre hors de Paris, en Labbaye de S. Vincēt quil auoit de nouueau fondée, à present nommée S. Germain desprez. En ce temps estoit aussi decedée à Tours, la Royne Clotilde, laquelle fut portée à Paris, & inhumée auec le Roy Clouis son mary au mōstier S. Pierre S. Paul, à present Sainte Geneuiefue du mont.

Clotaire premier de
ce nom, vii Roy de F.

Du Roy Clotaire, premier de ce nom, septiesme Roy de France

CLOTAIRE, premier de ce nom, fils de Clouis, fut le 7. Roy de France, apres le trépas de son frere: Childebert: ayant regne auparauãt en ses Pais de Soissõs, & autres terres que nous disons Gaule Belgicque, 45. ans: durant lequel temps, il auoit faits des actes indigne de Roy cõme entre autre, d'auoir occis ses deux petis nepueux, enfans de Clodomir Roy d'Orleans. Il occit aussi en l'Eglise, vng Cheuallier nommê Gautier diuetot, faulsement acusê d'aucuns cas par quelque flateur: mais apres que le Roy eut recõgneu sa faulte, il érigea la terre D'iuetot, ẽ Royaume pour les heritiers dudit Gautier Orse voyant, Clotaire, Monarque des Gaules, voulut leuer le tiers denier du reuenu de l'Eglise, aquoy L'archeuesque de Tours resista, disant hardiment au Roy, que le reuenu de l'Eglise, estoit le bien des pauures: parquoy laissa icelle entreprise. Puis peu àpres estãt aduerty de l'alliance faicte entre les Saxons & Turingiens, fit marcher son armée en Turinge, pour les subiuguer: dont les Turingiens, se voians despourueu de secours, & comme supris se submirent à sa misericorde, demãdant seulement la vie sauue, ce que le Roy ne voulut leur accorder: ains leur feit liurer bataille si furieuse, qu'eux se sentant acablez mirent au hazart de guerre tout leurs moyens, & tant firent par leurs vaillance, quil obtindrent victoire contre les François, & y cuida en ce conflit, le Roy perdre la vie. Iceluy Clotaire fut fort taxe de luxure, combien que de son viuant il eust six fẽmes espousée, & en icelle engendré plusieurs enffãs, qui regnerent apres luy, cest assauoir Chilperic, Aribert, Gontran & Sigebert, auec vn Bastard nommê Cranus, lequel il feit bruler auec sa fẽme & enffãs, pour luy auoir desobeir, estant son lieutenant en la guerre contre le Duc d'Aquitaine, duquel il auoit pris le party. En fin ayant Clotaire regne en tout cinquãte ans deceda l'an, 598. Il gist â S. Medart de Soissons: dont il auoit commencê ledifice. Enuiron ce temps, commencea le Regne des Lombars, dont Alboinus fut le premier Roy, lequel regne dura iusques au Roy Didier, que l'Empereur Charlemagne fit mourir à Lion.

Aribert, huictiesme
Roy de France.

Du Roy Aribert, autrement dit Cherebert, huictiesme Roy de France.

ARIBERT, autremét dict Cherebert, fut huictiesme Roy de Frãce, en l'an de salut 565. surquoy fault noter que, depuis le trépas de Clotaire, ses quatre filz eurent debats ensembles tant pour le desir que chacun d'eux auoit de regner, que pour ce que Chilperic (qui estoit le plus subtil) auoit saisi les tresors de son pere, dont il taschoit à faire des amis, & auoit l'auantaige sur ses freres: mais les François preuoyans la cõfusion qui en pourroit aduenir, furent d'auis que les estatz en ordonneroient: ce qui fut cause qu'ilz sacorderent ensemble, faisans partaige de la Monarchie de France en quatre portions: & prirent chacun d'eux tiltre de Roy. Aribert fut dont Roy de Paris, & de toute Neustrie: par ce moyen fut dict Roy des Francois: combien que Gaguin, ne le conte au nombre des Roys: acause (selon mon aduis) quil regna peu de temps en paix: ioinct aussi qu'il ne fit nuls actes digne d'un Roy: car il emploia le temps en toute lubricité: toutefois ie luy ay gardé son rang. Childeric eut pour sa part Soissons, & toute la Picardie, Gontran eut Orleans, & toute Aquitaine. Metz & Austrasie demoura à Sigilbert. Le dessusdict Aribert n'eut ancuns enfans: car il repudia Nigoberge, sõ espouse, pour lamour folle qu'il portoit à deux de ses damoiselles: dont il abusa longtemps, combien que S. Germain (qui n'estoit craintif, ne flateur) l'en reprist fort rudement, tant que finalment, voyant qu'il n'y auoit nul amendement en luy, getta sentence d'excommuniment, tant contre Aribert, que sur icelles Damoiselles: lesquelles morururent auant l'an passé: qui fut cause que Aribert se reconsilia à Dieu. Puis ayant regné neuf ans, allà de vie à trepas en la ville de Blaye en Gascongne ou il fut enterré en l'Eglise Saint Romain, l'an de grace 573.. Durant ce regne Alboinus Roy des Lombárs fut tué par sa femme Rosimonde, fille qe Godimãdus Roy des Gepides, pource qu'il auoit fait boire en vne tasse faicte de la teste de son pere, lequel ledict Alboinus auoit veincu en guerre.

ChilPeric, premier de ce nom, ix' Roy de France.

Du Roy Chilperic, premier de ce nom, neufiesme Roy de France.

CHILPERIC, premier de ce nom, ayãt auparauãt regne 9 ans en son Royaume de Soissons succeda à la courõne, apres le trespas de son frere Haribert, & fut neufiesme Roy de Frãce. auquel regne pour ses grãs cruautez & actes luxurieuse, il fut en cõtinuelles guerres & mourut miserablemẽt. Il eut trois fẽmes, la premiere nõmée Andouere fut de luy repudiée, combien quil eust trois enffãs d'elle: la seconde nommée Galsõde, fut estrãglée de nuict au pourchas de Fredegonde qui estoit vne sienne d'amoiselle: dõt le Roy estoit amoureux voire si abesty qu'il l'espousa, & d'elle eut plusieurs enfans, qui moururent tous fors que Clotaire, qui fut Roy apres luy. Chilperic estoit si ambitieux de regner, que luy voyant son frere Sigebert Roy de Metz fort empesché à faire teste à ses ennemis qui vouloient enuahir ses Pais, luy courut sus, de sorte quil print sur luy la ville de Reims, & partie du Royaume d'Aquitaine: dequoy Sigebert fut tellement offencé, quil ne cessa iamais (auec l'aide de Gontrant son frere Roy d'Orleãs) quil neust reconquis ce quil luy auoit tollu, & mesmes suyuãt sa bonne fortune pris Soissons sur Chilperic auquel il feit tant cruelle guerre pour recouurer l'Aquitaine vsurpée par Chilperic, quil emporta victoire pres d'Angoulesme, ou Theodebert fils de Chilperic fut tué, lequel fut tellemẽt poursuiuy qui luy cõuint se sauuer à Tournay ou Sigebert l'assiegea: mais il fut deliuré par le moien de deux traistres que Fredegonde enuoia, qui tuerent Sigebert en son pauillõ: alors Brunechilde femme de Sigebert (qui pocedoit Paris) se retira en grand haste à Metz en Lorraine. Quelque temps apres, la Royne Fredegonde ayant sceu que le Roy Chilperic auoit aperceu l'amour folle qu'elle portoit à Lãdry son Maire du Palais (duquel il entretenoit aussi la femme) dressa souldain vne embusquade de Murtriers qui le tuerent en retournãt de la chasse assez tart au village de chelles pres Paris, ayãt regne en tout 23 ans. Il fut porté à S. Germain desprez lez Paris ou il fut inhumé, lan 587. Auquel lieu, on voit sõ effigie, tenãt sa main à sa gorge, monstrant l'auoir eu coupée.

Clotaire, ii. de ce no,
x'. Roy de France.

Du Roy Clotaire, deuxiesme de ce nom, & dixiesme Roy de France.

CLOTAIRE, deuxiesme de ce nom, n'ayant que quatre moys succeda à son pere Childeric: & fut 10. Roy des François, soubz la tutelle de Gontran son oncle, & de Fredegonde, sa mere, l'an de Iesus christ 587. Auquel temps Landry estoit Maire du Palais. Mais Sigebert Roy de Mets, non content de ce, taschoit par armes, à se saisir du gouuernement du Royaume, A quoy resista vigoureusement ladite Fredegonde: qui pour donner courage aux Francois, portoit le Roy, son fils, entre ses bras, allant la premiere en bataille. Qui fut cause que Sigebert, eut du pire: Et s'estant retiré, peu de tẽps apres mourut. & sa femme aussy: dont Fredegonde fut soupsonnée les auoir faict empoisonner. Iceluy Childebert, laissa deux fils, Thiedebert, & Thierry: desquelz Brunechilde eut la charge: à cause qu'ils estoient fort ieunes: Toutesfois elle fut cause de grande guerre entre-eux deux. Au 14. an du regne de Clotaire, Fredegonde alla de vie à trespas, apres auoir suscité plusieurs guerres, & diuisions en France: Depuis sa mort les deux enfans de Childebert mirent sus à leur cousin Clotaire, qui n'estoit point legitime: Et luy firent la guerre si asprement, qu'ils emporterent la victoire: ou moururent trente mille hommes. Or Brunechilde, estant cause de tous ses discords, & ayant faict mourir malicieusement plusieurs enfans du sang Royal, tant par guerre que par empoisonnement, fut en hayne de tous ceux du Royaume: tellement que Clotaire la tenant en sa puissance, la feit trainer a la queue d'vn cheual tout à l'etour de son cãp, & mettre en quartier, pour les cruels crimes dõt elle fut cõuaincue. Et lors il demeura Monarque des Gaules, & d'vne partie d'Allemaigne: pour ce qu'il auoit aussi tant bien rangé les Saxons, qu'il n'y auoit laissé nul masle, plus grand que son espée. Il eut deux femmes, de la premiere vint Dagobert, la seconde fut mere de Heribert, qui fut Roy d'Aquitaine. Apres que Clotaire eut regné 44. ans, il deceda, l'an 631. Et fut enterré à S. Germain des prez lez Paris.

D'Agobert, premier de ce nom xi. Roy de France

De Dagobert, premier de ce nom, vnziesme Roy de France: fondateur de S. Denis.

DAGOBERT, premier de ce nom, fut 11. Roy de France, succeda à son pere Clotaire, second, lan de Iesuschrist 631. Il auoit vn frere, nommé Aribert: auquel il bailla le Royaume d'Aquitaine, qu'il tint iusques à son trespas: apres lequel le, suruiuant iceluy, Dagobert, fut Monarque des Gaules. Durant la vie de son pere, il auoit esté en grand peril de mort: pource qu'il auoit coupé la barbe à son Pedagogue, l'ayant aussy faict fouetter: Mais on dit qu'il euita la colere de son pere miraculeusement: dont il fonda l'Eglise S. Denis en France. Laquelle il enrichit, de grandes Richesses qu'il auoit prises sur les autres Eglises. Sa premiere femme fut de luy repudiée: à cause d'indisposition d'auoir lignée: puis espousa Nantilde: dont il eut vn fils, nommé Clouis: qui fut Roy apres luy. Aussy auoit-il vn Bastard nommé Sigebert, qu'il establit Roy d'Austrasie: afin qu'il feist teste aux Esclauons, Idolatres. Ledict Dagobert menoit ordinairement vne troupe de concubines acoustrées pompeusement en Roynes, & viuoit trop luxurieusement: Toutesfois il ne laissoit pour cela a bié conduire ses affaires: voire de telle sorte, que les Gascős (qui s'estoiét rebellez) furent par luy rudement chastiez, d'auantage, il fit venir les Esclauons à composition, & remit aux Saxons le tribut de cinq cens bœufs, qu'il luy deuoyent par chascun an: Semblablement contraignit Iudicail, Roy de Bretaigne de requerir paix, & luy faire hommaige de ce qu'il possedoit: Au reste, il chacea hors de France les Iuifz qui ne voulurent obseruer la Religion Chestienne. Finalement, ayant regné 14. ans, il trespassa d'vn flux de ventre, au village d'Espinay, pres S. Denis: ou il fut enterré, l'an de salut. 645.

Durant le regne d'iceluy Dagobert, s'eleua le faux Prophete Mahommet, natif d'Arabie: Lequel, (s'estant adioint d'vn moyne nőmé Sergius, fugitif de Constantinoble) sema sa fauce doctrine en sorte qu'il la feit non seulement obseruer aux Arrabes: mais depuis à tellement pullulé, que l'Asie l'Affrique & partye de l'Europe, en est du tout infectée, au grand preiudice de la Religion Chrestienne.

Clouis ii. de ce nom
xii. Roy de France.

Du Roy Clouis, deuxiesme de ce nom, & douziesme Roy de France.

CLOVIS, deuxiesme de ce nom, fils de Dagobert, succeda à la couronne de France, apres le deces de son pere, l'an de Iesus Christ 645. Il n'auoit qu'vn frere bastard qu'on apeloit Sigebert : qui estoit Roy d'Austrasie: duquel Royaume il auoit esté pourueu par son pere, long temps auant son trespas. Iceluy Sigebert ne regna qu'vnze ans, laissant vn fils vnique: lequel il recommãda tresfort à Grimoald, son Maire du Palais: mais Grimoald vsurpant ledit Royaume fit tõdre cest enfant, & l'euoya en Escosse pour y estre moyne: puis au lieu de luy, feit Hildebert son fils, Roy d'Austrasie. Or fut ceste menée faicte par Didon Euesque de Poictiers: mais deux ans apres, le Roy Clouis ayant sceu telle meschante pratique, fit mourir Grimoald, & chascea Hildebert hors de son regne: Et par ce moyẽ Clouis fut Monarque des Gaules. Il eut de son espouse Baudour, trois filz sçauoir est Clotaire, Theodoric, & Childeric : qui furent tous Roys, l'vn apres lautre. En ce mesme tẽps aduint si grande cherté de viures en France, auec vne famine, que Clouis pour remedier à icelle, osta de l'Eglise Sainct Denis, tout l'or & l'argent, duquel Dagobert, fondateur d'icelle l'auoit enrichie : pour donner aux pauures necessiteux, qui estoient lors (pour la calamité du temps) en extresme misere: Dont aucun luy ont faussement imposé, qu'il en deuint enragé & hors du sens : Mais on repute cela pour fable., veu que Dieu nous recommãde les pauures aduouãt iceux pour ses mẽbres. Outre ce il est notoire que sy ce Roy eust esté hors du sens (cõme on luy a faulcemẽt imposé) il neust entreprint le voyage de la terre saincte, ou il feit tel deuoir, quil conquit Ierusalem, faisant par sept. année la guerre aux infidelles: Durant lequel temps il auoit laissé pour regente en France son espouse Baudour, laquelle le pressa de reuenir, pour donner ordre aux troubles, qui sestoient esmeuz, à l'ocasion de son absence, ce quil fit: & à son retour fit pugnir ses deux filz, qui de ce, estoiẽt motifs. Finalement ledit Clouis ayant regné 17. ans, alla de vie a trespas, l'an de grace 642. & fut enterré S. Denis, auec son Pere.

Clotaire iij^{e}. de ce nom
xiij^{e}. Roy de France.

De Clotaire, troisieme de ce nom &, treziesme Roy de France.

CLOTAIRE, 3. de ce nom, filz de Clouis second fut apres le deces de son pere.couronnê Roy de France,lan de salut 663.Il estoit si peu curieux de maintenir sa grandeur,& maiesté Royalle,quil institua Ebrouin son Maire du Palais, gouuerneur de toute les affires publiques de son Royaume: qui fut cause quiceluy Maire, aussy ses successeurs, prindrent telle authorité, que les Roys furent par apres comme vassal:& se tenoient en quelque chasteaux & lieux de plaisance, ou il sadonnoyent a toute volupté, sortant seulement dudit lieu vne fois lã,au premier iour du moys de May,faisants leurs mõstres en grand apareil, & sumptuositez,estant montez sur vn chariot en triumphe.Alors le peuple (qui prenoit plaisir en telle fanfare,le saluoit par grãde exclamatiõ;cela faict se retiroient en leurs seiours sans ce soucier daucune chose du faict de leur Royaume. Ceste fassõ de faire a duré iusque à Pepin le Bref qui de Maire du Palais se feit Roy de Frãce cõme il sera dict cy apres. Outre ce durãt le regne de telz Roys,qui ne vaquoyẽt qua leurs voluptez & plaisirs,le Royaume diminua en sorte que Paris,& Normandie, estoit le principal de leur domaine:Car plusieurs princes ocupoyent le reste des prouinces,despendant de la couronne:Et nõmement laquitaine,qui estoit lors vn Royaume tres opulent luy fut tolu, par les Princes de Gascongne, Quercy,& Perigort, & dautre Gouuerneurs cõme Baillifz ou seneschaux desdits pays: dont il se firent nommer Ducs & Contes:Lesquels par la paresse,& nonchalance des Roys ses successeurs, ont pocedé lesdictes prouinces dAquitaine, iusques au regne de Charles martel,qui tua le Duc Eude qui auoit dõné passage au Sarazins qui vouloient enuahir la France. Et furent reunis icelles Prouinces dAquitaine a la courõne. Dont Pepin fils diceluy Martel,qui paruint à ce degrê Royal, fut paisible, apres la mort de Gayffer filz dudit Eude,qui sefforcoit locuper par armes. Apres que ce Roy Clotaire eut regné quatre ans, deceda lan de Salut 667. ne laissans aucuns enfans pour luy succeder.

Childeric, deuxiesme de ce nom, xiii Roy de France.

De Childeric, deuziesme de ce nom, & quatorziesme Roy de France:

CHILDERIC, deuxiesme de nom, fut couronné Roy de Frãce, apres la mort de son frere Clotaire: Mais il faut noter que Theoderic son frere puisné, ayant regné deuant luy enuiron vn an, auoit esté mis prisonnier en vn monastere, & Ebrouyn son Maire du Palais aussy, pour leur audace & cruautez, que les Princes de France ne pouuoient supporter. Donc aduint pour ne laisser le Royaume vacant, fut ledict Childeric receu audict Royaume: & eut pour Maire du Palais, vn nommê Volfrade, Ce qui fut en l'an de nostre salut 668. Mais ainsi que les Francois esperoient quelque chose de bon de ce changement de regne, il leur en aduint tout autrement Car Childeric ne feit acte qui merite en faire cas, ains fut de tresmauuaise reputatiõ, & fort hay de son peuple, pour ses cruautez: entre lesquelles fut memorable celle par laquelle il fit vilainemẽt fouetter vn gentilhõme de frãconie nõmé Bodillo, apres l'auoir faict attacher cõtre vn posteau: dõt iceluy Bodillo, se ressentãt depuis de cet outrage, delibera de sen venger, Ce qu'il fit: Car ayant espié le Roy (qui reuenoit assez tard d'vne forest pres de Chelles ou il auoit esté à la chasse) le tua daguet, puis semblablemẽt tua sa femme: qui estoit grosse d'enfant. Ledict Childeric, regna douze ans, & furent enterrez luy & sa femme a sainct Germain des prez, lez Paris, lan de grace 679. ne laissant deulx aucuns enfans pour succeder.

Durant ce regne il y eut grand debat entre lEglise Romaine, & celle de Rauenne chacun voulant garder sa superiosité. Mais Rauenne se soubmis soubs Romme, en core quelle se nommoit auparauant chef dicelle mesme. Mais peu apres ceux de Rauenne voulãt rentrer en leur liberté ancienne furent sy violentement assallis par Iustinian second, que la ville fut prise & pillée mesmement Leuesque dudit lieu nommé Felix eut les yeux creuez dvn fer chaud, & fut enuoyé en exil, en l'Ille de Pont, par le commandement du Pape, qui estoit son ennemy capital.

Theodoric, premier de ce nom xv. Roy de France

Du Roy Theodoric, premier de ce nom, quinziesme Roy de France.

THEODORIC, premier de ce nom, frere de Childeric, fut 15. Roy de France: ayant regné enuiron vn an apres la mort de Clotaire, tiers. Estant donc mis hors d'vn Monastere (ou les François lauoient faict mettre, pour la mauuaise vie qu'il menoit auec Ebroin, sõ Maire du Palais) de rechef fut remis, en sa dignité Royale, l'an de Iesuschrist 680. & fut alors son Maire du Palais Landesil, fils d'Archambaud: mais Ebroin trouua moyen d'eschaper hors de son cloistre, & ayant leué vne armée de gens ramassez, se rua tant impetueusement en campaigne, qu'il eut victoire sur ceux, qui luy vouloient faire teste: & mesmement quelque peu apres, en parlant à l'Andesil, le tua trahistreusement, perquoy il se remit alors en son estat de Maire du Palais, & ioua la végeance sur ceux, qui luy auoiét esté contraires, sans espargner aucun de quelque dignité, ou qualité qu'il fust. Il veinquit aussy Pepin & Martin, freres, & Ducs d'Austrasie: & mesmes tua Iceluy Martin, contre sa foy promise. Mais il fut payé de pareille monnoye: Car vn Conte d'iceluy pais, nommé Hermenfroy, qui ne pouuoit bonnement suporter l'iniquité d'iceluy Ebroin, le tua de nuict en son lict: puis se retira vers Pepin Heristel: lequel Pepin print le Roy Theodoric, qui luy resistoit, Neantmoins il le restablit incontinent en sa liberté, dont il aquist grand' louenge entre les Frãcois: & se feit Maire du Palais: Auquel estat il se mõstra homme de grand entreprise, augmentant le Royaume de France à son pouuoir. Apres que Theodoric eut regné 14. ans, il alla de vie à trespas, l'an de nostre salut 694. laissant deux enfans, Clouis & Hildebert. Son corps gist à Sainct Vast d'Arras, qu'il auoit fondée auec sa femme nommée Doda selõ son epitaphe. Enuiron ce temps, l'Eglise Romaine s'auguementa fort en aultorité & preeminence: Les lettres qui se séelloient auparauant en cire, furent séellee en plomb pour rendre leurs chartres & Bulles, plus autentique & parmanétes,

Clouis, troisiesme de ce
nō xvi. Roy de France.

Du Roy Clouis, troiziesme de ce nom, & seiziesme Roy de France.

CLOVIS, troisiesme de ce nō, filz aisnê de Theodoric, dernier decedê, fut Roy des François, par le partage faict entre luy, & Hildebert, son frere lequel fut aussy Roy apres luy, le regne dudict Clouis commencea lan de nostre salut 694. & dura seulement quatre ans: Durant lequel temps il ne feit chose qui merite destre recitée: car il estoit en aage fort puerile, ioinct que Pepin Heristel estant Maire du Palais auoit le gouuernement de toutes les affaires publiques de France. Aussy tenoit-il tout le pais d'Austrasie, il auoit de son espouse Plectrude, deux filz, C'est à scauoir Druon, ou Drogon, Conte de Champaigne, & Grimauld. Il eut aussy d'vne sienne cōcubine nommée Alpayde, vn bastard, qui fut nommé Charles, & fut nommé Tutilde, (cest à dire Martel) qui fut pere de Pepin le Brief, lequel paruint à la couronne, qui fut le 23. Roy de France, & le premier de la seconde generation, cōme il sera dict cy apres. Iceluy Pepin Heristel, estant Maire du Palais, fit guerre cōtre Radbot, Duc & Prince des Frisons, & les contraignit tenir la loy Chrestienne. Et en ce temps que lon comptoit 697. Flourissoit le venerable Bede.

Durant ce regne aduint grand debat en l'Eglise Romaine pour lelectiō du Pape, pource qu'apres la mort de Canon, aucun auoyent elleu Theodore homme fort riche, les autres Paschal Archediacre, lequel auoit promis grand somme d'argent à ceux de sa faction. Vn chacun d'eux maintenoient son election ambicieusement: Mais le peuple Romain, voyāt que telle seditiō (qui s'emouuoit au pourchas des dessusdits elleux en ce siege papal) en elleurent vn autre nommé Sergius reiestant les deux premiers qui furent contraints saluer Sergius pour Pape, & aprouuer son ellection, Paschal fut depuis conuaincu d'vser dart magique, parquoy fut emfermé en vn monastere ou il mourut de deueil. En ce mesme tēps les Saxons encore Payen furent reduits à la Foy Chrestienne, par le moyen de Sergius.

Hildebert ſecõd de ce nom
& xvii. Roy de France.

Du Roy Hildebert, deuxiesme de ce nom, & disseptiesme Roy de France.

HILDEBERT, second de ce nom vint à la courronne de Frãce apres le trespas de Clouis troisiesme, son frere, l'an de grace 698. Durant son regne, Pepin Heristel (dont nous auons touché cy deuãt) estoit encore Maire du Palais: & auoit tel credit, qu'il manyoit les affaires de France à son plaisir: en sorte que le Roy seruoit seulement d'vmbre: Car ledit Pepin, oyoit les Ambassadeurs des Empereurs & Roys: rendoit responce à iceux: soustenoit aussy les guerres, qui interuenoient: & accordoit paix, ou treue, si bon luy sembloit. Brief, les Maires du Palais estoient durant ces regnes, en telle autorité, qu'il n'estoit loisible à nul de leur commander. Bien est vray que Sainct Lambert, Euesque d'Vtraict, nouuellement rappelé d'Exil, ne laissa de reprendre Pepin, pour son adultere: Mais il fut miserablement tué par Dodon, frere de la concubine. Pepin gardãt tousiours son autorité, fit son propre fils nommé Grimoald, Maire du Palais, exerceant lequel estat, il fut tué bien tost apres son establissement par vn soldat frizõ: Parquoy Pepin fit Maire du Palais vn nõmé Theodald, ou Thibauld, fils de Drogon Conte de Champaigne (lequel estoit fils d'iceluy Pepin) & institua Charles Martel (qui fut bastard de luy mesme Pepin) Duc d'Austrasie. Toutesfois, estant Pepin mort, sa vefue Plectrude fit mettre ledit Martel en prison à Coulogne sur le Rhin: esperãt iouyr du tout auec son arriere fils Thibauld. Hildebert ayant ainsi regné 18. ans soubz la tutelle de ses Maire du Palais alla de vie à trespas, l'an de salut 715. & laissa deux fils: Dagobert & Lotaire. Enuiron ce mesme temps, les Venitiens constituerent vn Duc, pour obuier aux querelles & discords, qui suruenoient par les parcialitez de leurs gouuerneurs: Mais depuis en s'en repentant firent mourir aucuns de leurs premiers Ducs: & ont donné s'y peu d'autorité aux autres, qu'il n'ont que l'habit, & le titre: car la puissance d'ordonner est aux senateurs, qui toutefois font seeller & monnoier au nom de leur Duc.

D'agobert, ſecond de ce no
& xviij. Roy de France.

Du Roy D'Agobert, deuziesme de ce nom, & dix-huiptiesme Roy de France:

DAGOBERT, deuxiesme de ce nom, fut xviij. Roy de Frãce, en l'an de nostre salut 716. il estoit gouuerné par Plectrude vefue de Pepin Heristel, & par Theodoald, ou Thibaud filz de son filz Drogon, quand aucuns Fraçnoys couronnerent pour Roy, au preiudice d'iceluy d'Agobert, vn nõmé Daniel, ou Chilperic: auquel ils dõnerẽt pour Maire de son Palais, vn côte nõmé Herméfroy ou Rẽfroy qui auoit tué le cruel Ebroin. Durãt ce regne, Plectrude tenoit Charles Martel prisõnier a Coulogne, luy otãt par telle captiuité, la iouissance de sa duchê d'Austrasie que Pepin, son pere, luy auoit laissez. Surquoy faut entẽdre que le Royaume des Frãçois fut si brouillê, que c'estoit vne chose insupportable: Car Thibaud, arriere fils de Plectrude, aspirant a estre seul Maire du Palais, & a chascer Renfroy & son Roy Chilperic, leua gens de guerre cõtre eux: mais Renfroy les soustint tant vigoureusement pres la forest charbonniere, qu'iceluy Thibaud ayant du pire, print la fuitte, auec honte & perte de ses gens. Durant que ce faisoiẽt ces menées Dagobert alla de vie a trespas, laissãt deux enfans, scauoir est Theodoric, & Chilperic, lesquels furent mis en vn Monastere: Car le victorieux Rẽfroy fit tousiours regner son Roy Chilperic (que lon dit auoir estê homme d'Eglise au parauant) iusqu'atant que Charles Martel, estant eschappê de prison & ayant faict Roy vn nommé Clotaire (qui fut oncle du feu Roy D'agobert selon aucuns) eut vaincu & chassê iceluy Chilperic: qui se retira vers Eude Duc d'Aquitaine, & finalement estant mort Clotaire, fut rappelê, & encores faict Roy par Charles Martel mesme. Durãt ce regne, l'ẽpereur Philipe, feit vn edit que toutes les ymages fussent ottée des temples, & ce par le consentement du Patriache de constantinoble, pour laquelle cause le Pape Constantin les excommunia & declaira tous deux heretiques, en vn Sinode tenu à Romme nonobstant les raisons par eux alleguée.

F

Clotaire iiii. du nom
xix. Roy de France.

Du Roy Clotaire, quatriesme de ce nom dixneufiesme Roy de France.

CLOTAIRE, 4. de ce nom fut le 19. Roy de France: mais comme nous auons dit, Charles martel ayant trouué le moyen de sortir hors de prison de coulongne, ou l'auoit tenu sa marastre pluctrude il leua vne armee, & poursuyuit si viuement par armes Chilperic (dit Daniel) qui par le moyen d'aucuns, auoit esté faict Roy de France, apres le trespas de d'Agobert second: lequel Daniel pensant maintenir son regne fut deconfit, pres de Cambray. & depuis ayant ledict Chilperic, raliez ses forces, auec le Duc d'Acquitaine nommé Eude, fut encore de rechef vaincu en châpaigne, par ledit Charles Martel qui le poursuyuit sy furieusement, que son coadiuteur le Duc d'Acquitaine, fut contraint de prendre fuite en son pais: ou il mena iceluy Chilperic. Et quant â Renfroy, Maire de son Palais, il fut poursuyui iusqu'a Angers, ou il s'estoit sauué pour euiter la fortune qui luy disoit mal: mais Charles Martel, en le contre-routant assiegea la cité laquelle finalement fut prinse, ayant ledict Renfroy soubz sa mercy: lequel toutesfoys il ne traita a la rigueur, luy laissant ladicte Cité pour en icelle acheuer ses iours. Adonc iceluy Martel, se voyât au dessus de ses attaintes, & ayant aussy rengé ses ennemis: retourna en Frâce, ou il fut receu pour Maire & grant Gouuerneur toutefois il institua pour Roy de France Clotaire quatriesme de ce nom qui estoit (selon aucun) oncle de Dagobert second ledit Clotaire n'auoit le maniment daucunes affaires & seruoit seulement d'vmbre comme ses deuanciers: Car come nous auons ia touché, le Royaune se gouuernoit par les Maires du Palais qui manyoiêt les affaires de France a leur plaisir. Or apres que ce Roy Clotaire eut regné soubz ledit Martel, deux ans deceda de ce Ciecle l'an de salut 721. & fut inhumé â Cansy auec son pere & son frere.

Chilperic, dit Daniel
xx. Roy de France

Du Roy Chilperic,(au parauant nommé Daniel) vingtiesme Roy de France.

CHILPERIC, qu'on nommoit Daniel, lequel auoit esté, (selon aucun de l'estat ecclesiastique) ayant ia regné ii. ans auparauant Clotaire iiij. de ce nom, fut mandez de Gascongne ou il estoit lors cõme fugitif) par Charles martel, Maire du Palais. Lequel le restitua en son premier regne: en l'an de nostre salut, 722. Il ne se trouue point qui fut cause de ce remandement: sinon qu'aucun disent que le Duc d'Acquitaine (qui estoit grand amy d'iceluy chilperic) y tint fort la main & que se fut en partie par son moyen, & en faueur de luy. Car comme nous auons touché, d'Agobert second, auoit laisse deux fils lesquels auoyent esté mis en vn monastere : combien que le Royaume leur apartint par droit de ligne directe. Et furent mis en oubly pour ceste fois, Chilperic fut dont le xx. Roy de Frãce ou il regna enuirõ trois ans, soubs l'autorité de Charles Martel, lequel disposoit des affaires du Royaume, à son plaisir: n'ayant nul compediteurs. Iceluy Chilperic alla de vie à trespas l'an de Iesus Christ 726. son corps fut enterré en la maistresse Eglise de Noyon. Durant ce regne, suruint de rechef grãd trouble, pour la veneratiõ des ymages: qui furent abatues par le commandement de l'Empereur Leon: lequel les feit brusler publiquement: à quoy le Pape Gregoire second resista: faisant deffence à tous sur peine d'excommuniment de n'obeir audit Empereur ne luy paier aucun tribut.

Enuiron ce temps le Roy de Bretaigne alla de vie à trespas, & lors les princes de Bretaigne se diuiserẽt en sept partyes, & se nommerẽt chascun Roy en sa portion . Et par ainsy demourerẽt estriuant entr'eux dont en fin ayãt plusieurs Batailles ciuilles, il s'exterminerent eux mesmes par les guerres qui continuerent par trente ans : & ce iusque au regne de Charlemaigne, qui asuietit ledit pais de Bretaigne, à la couronne de France, & mesmement receu l'hommaige de plusieurs Princes & Barons dudit lieu.

Charles Martel Gouuerneur des Francois.

De Charles Martel, Gouuerneur sur les Francois.

CHARLES, Martel, fils naturel de Pepin Heristel, Maire du Palais fut premierement Duc d'Austrasie, & depuis chef & gouuerneur des François, Entre lesquels il paruint a si grand credit qu'il fit regner quatre Roys sous luy, ne leur laissant que le titre de Roy seulemét: Car quant au animét des grãdes affaires du Ryaume, il entreprenoit & executoit le tout, ou bien commandoit ce qu'il vouloit en estre faict. Durant son gouuernement, estant aduerty que les Saxons vouloient prendre les armes contre les François, les rengea soubz son obeissance, & mesmes subiugua les Bauierois. Qui fut cause que les Allemans, rendirent entre ses mains Plectrude, sa marastre, qui s'estoit sauuée vers eux, pour la craincte quelle auoit de luy: a raison qu'elle l'auoit tenu prisonnier quatre ans, a Coulongne sur le Rhin. Encores, durant son gouuernement. Eude, Duc d'Aquitaine, voulãt recommencer guerre, suscita les Sarrazins, (qui pour lors tenoient Espaigne) iusques au nombre de Quatre cens mille: lesquels s'en vindrét auec leurs femmes, enfans, & seruiteurs, pour occuper tout le pays de France, y pillant tous les lieux, ou ils pouuoient auoir l'auantage: Mais Iceluy Charles Martel, ne s'estonna de tel nombre d'ennemis ains les alla deuancer pres de Tours, au lieu dict le camp sainct Martin le Bel: la ou ayant déconfit toute leur armée, fit d'eux, vne boucherie incroyable, sans y perdre plus de mil cinq cens hommes des siens. Quelque temps apres, il mit aussi les Frisons en route, abatant leurs Idoles: & les contraignit a tenir la loy des chrestiens:

Or les Sarazins pour se venger de leur grande perte, sortirent d'Espaigne pour la seconde fois: Mais Martel reprint Auignon sur eux, les rechaceant si viuement, que leur Roy fut contraint soy sauuer en vne nacelle, a Narbonne. Finalement ledict Martel, apres plusieurs beaux faits d'armes, alla de vie à trespas, l'an 741. Et fut enterré auec les Roys, à S. Denis en Frãce, ou son effigie fut esleuée en albastre comme s'il eut esté legitimement Roy sur les Frãçois.

Theodoric ii. de ce nõ,
xxi. Roy de France.

Du Roy Thodoric, second de ce nom vingt vniesme Roy de France.

THEODORIC, second de ce nom, fils aisné de Dagobert aussy second: fut 21. Roy de Frãce apres Daniel, qui y auoit esté mis, par Charles Martel, lequel retonrnant (selon la Loy Salique) en la ligne directe des Roys de France enuoya querir icelluy Theodorie en vn monastere ou il auoit esté mis en sa ieunesse, auec vn sien frere nommé Chilperic: obtint ce tiltre de Roy de Frãce, en lan de grace 726. Durant son regne, il n'entreprint aucune chose du faict de la Republique: Car comme nous auons touché, Charles Martel auoit pris le maniment de toutes les affaires de Frãce a cause qu'il estoit Maire du Palais, lequel faisoit des actes dignes de louange, durant le regne dudict Thodoric: comme nous auõs traictê sommairement en parlant des faits dudict Martel. Faut noter que les Maire du Palais, auoient pris telle authoritê, sur les Roys, qui estoient lors tant nonchallans, & pusillanimes, se laissant gouuerner facilemẽt par lesdictz Maire: que finablement se trouuerent chassez, & mis hors de leur dignitê Royalle, Ce qui aduint, au regne de Chilperic tiers de ce nom, dont nous traicterons en son endroit. Or apres que Theodoric eust regnê 15. ans soubs ledict martel alla de vie a trespas, ne laissant aucuns enfans pour luy succeder, Son corps fut enterrê à S. Denis en France l'an de salut 740. Durant ce regne, la ville de Romme fut asiegêe, par Luitprãdus, Roy des Lombards, dõt pour auoir secours Le Pape Gregoire, enuoya à Charles Martel, les clefs du Sainct sepulchre, & les liens de S. Pierre, & autres dons tres-excelents: Parquoy ledict Martel print deslorss sous sa protection, le siege de Rõme & eut la matiere tant a cœur, qu'il feit retirer iceux Lombards, par les menasses des Embassades, qu'il leur enuoya pour cest effect: dont aduint que par apres le siege Romain, delaissa de prendre secours des Empereurs de Constantinople, se retirant de la subiection d'iceux, sous lesquels il auoyent au-parauant tousiours esté.

Childeric deuxieme de ce
nom xxii. Roy de France

Du Roy Childeric, tiers de ce nom, xxii. Roy de France & dernier de la premiere generation.

CHILDERIC, tiers de ce nom, surnommé l'incencé pour sa grand bestise, & nonchalance: fut xxii. Roy de France, en l an 741. tant pource qu'il estoit fils de feu Dagobert second, que pour estre frere de Theodoric, le dernier Roy decede. Auquel temps Charles Martel estoit allê aussy de vie à trespas: Ayant laisse trois enfans c'est a scauoir Pepin, Griffon, & Corloman. Lequel Pepin fut Maire du Palais, ne diminuant en rien, l'authoritê que son pere auoit pris, sus le regne des Rois. Quant à Griffon, se voyant priué de l'orye de son pere, il prent les armes se saisissant de la ville de Laon tenãt fort en icelle: mais finalemẽt n'estãt le plus fort, & despourueu de secours fut pris & mené prisonnier à Chasteauneuf, en la forest Dardanne: ou ayant esté quelque temps, trouua moyen d'en sortir, se retirant auec les Saxons, a l'ayde desquels dressa vne grosse armée esperant combatre son frere Pepin: Lequel finalemẽt pour l'apaiser luy bailla douze contêz. Et Quant à Corloman, mesprisant les biens, & honneurs du monde: se retira deuers le Pape: de sa main print l'habit de sainct Benoist, & s'en alla rendre religieux au monastere du mont-Casin en Italye: Parquoy Pepin, succedant a ce que Corloman auoit quicté, & ayant la faueur des plus grands du royaume, ne voulut perdre l'ocasion qui se presentoit de aysement se faire Roy de France: Et pour mieux venir a chef de ses desseins, trouua moyen d'atirer de son party, le Pape Zaçarye: auquel il enuoya vne secrete imformation, contenant la vie pusilanime du Roy Chilperic, luy faisant aussy remonstrer, comment il estoit plus conuenable, que celuy qui auoit la charge des affaires publicques, eust aussy ce tiltre de Roy, que nom pas vng qui ne vacquoit qu'a ses plaisirs & voluptêz. Ceste cause cõsidere, le Pape ordonna que Childeric seroit tondu & rendu en vn Monastere ce qui fut fait, & mourut iceluy Chilperic, en ceste captiuité, dont print fin, la premiere generation, en ligne masculine des Rois de France: qui a duré depuis Pharamond, iusques à Pepin trois cent trente & vn an.

Pepin le bref, xxiii.
Roy de France.

De Pepin le Bref, qui fut constitué vingt-troisiesme Roy de France.

PEPIN le Bref, fils de Charles martel, ayant esté 9. ans Maire du Palais, regnant Childeric troisiesme fut couronné 23. Roy des Frãçois en l'an 751. & ce tant par le consentement du Pape Zacarie, que par la faueur des nobles de France, ioinct aussy qu'il meritoit bien tel authorité pour l'experience qu'il auoit tant en l'art militaire, qu'es affaires publicques, qu'il auoit ia de long temps pratiquée. Or ce Pape Zacarie mort, le Pape estienne luy succeda: lequel vint en Frãce cõme fugitif: faisant au Roy ses cõplaintes de ce qu'Astuphe Roy des Lombards, luy auoit tolu: dont Pepin se sentant tenu au siege Romain, promit luy faire restituer ce qu'Astulphe luy vsurpoit: dõt ce Pape pour gratifier iceluy Pepi, du zelle qu'il auoit de le maintenir en son siege, le sacra de nouueau, auec ses deux filz, leur donnãt sa benection perpetuelle, & i'estant malediction, sur ceux qui contrediroient a leurs regnes. Alors Pepin suyuant sa promesse, feit marcher son armée en Italie ou Alstulphe le pensant deuancer, pour luy couper chemin au detroit des Alpes, fut contraint par les furieuses allarmes des Francois, se sauuer a Pauie: ou il fut asiegé de si pres que pour eschaper, promit rendre au Pape, ce qu'il pretendoit, à scauoir la iustice (qu'il apelle de Sainct Pierre, la seigneurie de Rauẽne & autres lieux. Mesmemẽt Pepin, dõna audit siege Romain, ce qu'il auoit conquis, comme Boulongne, Arimine, Fayence, Faue, Imolle, Vrbin, Ferrare, Naples, & les Illés de Sardines, & Cecilles: Dont l'Empereur, (qui disoit ses terres estre siennes) ne fut pas content. Puis ledit Pepin a son retour, d'Italye guerroya si furieusemẽt, Gayfer, qui luy feit quitter sa Duché d'Aquitaine: dont il print possesiõ Du depuis en poursuyuant son entreprise fut par luy, le Duc de Bauieres, contraint luy faire hõmaige: semblablement subiuga les Saxons, leur faisant paier par chacun an trois cens grans cheuaux. Finalement, ayant erigé le parlement en France, & ordonné â ses subiests de tenir le chant, & ceremonie obseruée par les Romains, il deceda l'an de grace 768. apres auoir regné 18. ans: laissant de son espouse Berte, Charlemaigne & Corloman.

Charlemaigne xxiiii.
Roy de France

De Charlemaigne, Empereur de Romme & vingtquatriesme Roy de France.

CHARLEMAIGNE, fils de Pepin le brief, fut 24. Roy de France: lequel desirãt acroistre son regne, entreprint de grãdes choses: dõt il vint heureusement a chef, & nõmement de la cruelle guerre qu'il feit (a la requeste du Pape Adrian) contre Didier, Roy des Lombards: qui auoit troublé la possessiõ des terres que son pere Pepin auoit laissée au siege Romain: auquel Charlemaigne portoit telle affection qu'il print ceste querelle tant en main, qu'il feit prendre fin au regne des Lombards: enuoyant leur Roy Didier, auec sa femme & enfans, en exil. Il eut pareillement cõtinuelle guerre cõtre les Saxõs qui estoyẽt presque imdõptables, laquelle fut si cruellemẽt debatue par l'espasse de trente ans: qu'il y eut ent'reux, douze diuerses batailles, apres lesquelles (& ayãt emporté plusieurs victoires) les rengea sous son obeissance. Il poursuyuit aussy de si pres, le Duc Hunault qui vouloit occuper l'Acquitaine, que finalement il fut occis comme aussy fut vn nommé Rotgaud, qui s'estoit reuolté contre tre luy, au pays de Friol en Italye: Ayant dont rengé ses ennemys, mena grosse armée contre les Sarazins de Pampelune: desquels il fut vaincu pour ceste foys, y perdant bien trente mille hõmes: Mais retournant pour la seconde foys, auec grand exercite de guerre, en remporta victoire: vray est qu'a son retour en France passant par Ronceuaux, ses gens furent tant rudement assaillis des Gascõs: qu'il y demeura grãd nõbre de ses Cheualiers, & entre autres, Rolãd & Oliuier y moururent. Or apres auoir dompté Tassilon, Duc de Bauiere: veincu les Sclauons, Vandales, & Auares: le Pape Leon le couróna pour Empereur de Rõme: & lors le peuple Romain le proclama Auguste, en l'an 181. le propre iour de Noel. Finalement ayãt veincu les Bretõs, & repoussé Godeffroy, Roy des Danoys ou Normans, Et ayãt regné 46. ans alla de vie a trespas, en l'an 814. son corps fut inhumé a Aix la chapelle. Surquoy ne fault oublier que durãt sa vie, entre plusieurs beaux actes siés, il fõda les Vniuersitez de Paris, Pauie, & Bolongne la Grasse: Et fit tenir cinq Conciles. C'est â sçauoir â Mayence, â Reims, â Tours, â Chalons, & â Arles.

Louis debônaire, Empereur & xxv. Roy de France.

De Louis, dit le Debonnaire, Empereur, & vingtcinquiesme Roy de France.

LOVIS, surnommé le debonnaire, succeda à son pere Charlemaigne, tant à l'Empire de Romme, qu'au Royaume de France, en l'an de Iesuchrist 814. Iceluy auoit pour espouse Hermingarde, de la maison de Saxe: dont il eut trois fils: C'est a sçauoir Lotaire: qui fut Roy d'Italie, au lieu de Pepin, accusé d'auoir conspiré contre son oncle: dont il fut assez legerement condamné à mort: le second fut Pepin: qui fut Roy d'Aquitaine, qui mourut deuãt son pere: Le tiers fut Louis: qui eut le Royaume de Bauiere, & Germanie. Estant ladite Hermingarde morte, Louis espousa Iudic, fille du Conte d'Altorf: de laquelle il eut Charles le Chauue: qui fut Roy de France apres luy. Or faut noter, que Louis le debonnaire, s'efforcea de reformer les pompes. Ioyaux, & banquets superflus des Ecclesiastiques: dont il ne peut venir â chef: a cause qu'ils inciterent ses trois premiers enfans, a se mecontenter du partage qu'il auoit faict audit Charles le Chauue: Outre ce lesdits prelats, pour mieux luy empescher ceste entreprise, tindrent vng Conuenticule en forme de Concille, en la ville de Compiegne: ou il decreterent, que ledit Louis seroit desposé de son Empire, & cõme inutil à la chose publique, seroit tõdu & faict moyne: Lequel decret fut par eux enuoyé a son fils Lotaire, qui vint d'Italie acompaigné du Pape Gregoire, auec grosse armée en Frãce: & s'estant rengé en bataille, prest de donner le choc, à son pere: lequel fut contraint se mettre en la mercy, de son fils Clotaire chef de ceste entreprise, & qui fut tant insolent qu'ils feit enfermer son pere, a sainct Medart de Soysson, & enuoya, sa femme Iudic auec son fils Charles, en exil. Mais cette captiuité ne dura qu'enuiron vn an: Car les Seigneurs de Frãce (ne pouuant endurer telle iniquitez,) le mirẽt en liberté: parquoy Lotaire, principal auteur de cette captiuité, s'enfuit en Italie: Neantmoins en fin son pere luy pardonna & à tous ses complices. Durant ce regne fut instituée la feste de Toussaints. Mesme en ce temps, les Normans firent plusieurs outrages en France: dont ils furent repoussez. Peu apres, Louis mourut à Mageance, ayant regné 26. ans: & fut enterré à Mets en Loraine.

Charles le Chauue, xxvi.
Roy de France.

De Charles le Chauue, Empereur & vingt sixiesme Roy de France.

CHARLES le Chauue, fils de Louis, Debonnaire, fut le 26. Roy de France. Ce que luy aduint par le partaige, qu'il fit auec ses freres: contre lesquels. Il auoit eu auparauant, vne grande & cruelle guerre: dont la iournêe fut donné à fontenay, pais d'auxerrois: ou y eut si vne si grand tuerie, d'vne part, & d'autre, que quasi toute la Noblesse Françoise y perdit la vie. Qui fut cause que les Normans cuiderent estre seigneurs de Frãce: mais il faut noter que la paix fut incõtinét accordée, entre les freres dessusdits: sous cõditiõ qu'a Charles demoureroit toute la Frãce Occidẽtale: cõtenãt depuis la riuiere de Meuze, iusques a la mer Occiane, & iusques aux mõts Pirenêe. Louis eut la Franconie, auec plusieurs citez de la Germanie, outre le Rhin: & l'otaire eut L'Italie, & l'Empire de Romme. Quant â Pepin & Charles, fils de feu Pepin (qui estoit Roy d'Aquitaine) ledict Roy Charles, les fit Moines, supprimant le Royaume d'Aquitaine: dont il fit vne Duchê. Semblablemẽt Lotaire, l'an 15. de son Empire, entra en Religion, laissant â ses deux filz toutes ses terres: c'est â scauoir â Louis (qui estoit laisnê) l'Empire: & â Lotaire, les terres estant au dessus de la riuiere de Meuze, en faisant aussy vne Duchê: qu'il nomma Loraine, de son nom Lotaire. Or peu de temps apres, tous deux decederẽt sans enfans: & â ceste cause Charles le Chauue fut Empereur: Durant lequel temps, il deuint fort somptueux, portant couronne, & se vestoit d'vne Dalmatique (qui luy venoit iusques aux talons) se delectant plus en choses superflues, qu'à la charge ou il estoient intronisê. Finalement il fut empoisonnê par son Medecin, ayãt regnê, en tout, 38. ans l'an de salut 878. Son corps fut enterré â S. Eusebe de Verseil, & sept ans apres transporté â sainct Denis en France.

Durãt ce regne fut par les Cardinaux de Romme eleuë pour Pape, vne femme, qui se feit nõmer Iehan, natifue d'Angleterre, autre disent quelle estoit, allemande, laquelle ayãt suyui vn amoureux quelle auoit iusques aux estudes dAthenes, profita en sorte quelle tint ce degrê Papal 2. ans, elle mourut en enfantemẽt denfant.

Louys le Begue xxvii.
Roy de France.

Du Roy Louis le Begue, vingtſeptieſme Roy de France.

LOVIS le Begue, (ainſi ſurnommé:à cauſe qu'il auoit la langue courte:dont il begueyoit)ſucceda à Son pere Charles le Chauue, lequel auoit eu trois filz,& vne fille:le premier de ſes fils fut Carlon:à qui il fit creuer les yeux,pour ſon mauuais gouuernement. Le ſecõd, fut Charles:qui mourut auant luy:le tiers,fut ledit Louis(lequel fut le 27. Roy de France en l'an 878. (dont nous traitons a preſent)& la fille fut mariée au Roy d'Angleterre:apres la mort duquel, p enſant icelle retourner en France,fut priſe & rauie d'vn Seigneur,nommé Baudouyn,qui depuis l'eſpouſa:Et par ce mariage luy fut donnée la foreſt Charbonniere: laquelle fut depuis eſſartée & habituée,& deſlors nommée la Conté de Flandres. Au Regard de Louis de Bauiere, frere de Charles le Chauue, il eut deux filz, Charles,& Louis. Charles fut Empereur, apres le treſpas de ſon oncle Charles le Chauue:& d'iceluy eſt deſcendu Hugue Capet: auquel commencea la tierce generation de France. Or retournant à Louis le Begue. Il fut tant fauoriſé du Pape Iehan, qu'il ſe meit en tout deuoir de l'inſtituer Empereur de Romme:Mais les Princes d'Italie,ne le voulant accepter, firent mettre priſonnier,iceluy Pape:qui toutesfois,eſtant ſubtillement eſchappé de la priſon,vint en France. ou il couronna Roy & Empereur, iceluy Louis le Begue, de laquelle dignité il n'euſt aucune iouyſſance:car il deceda le 2. de ſon regne l'an de Ieſus Chriſt 881. Laiſſant ſon eſpouſe Richeult enceinte d'vn fils:qui fut nommé Charles le ſimple,Encor laiſſa il d'eux filz illegitimes:Louis & Carlon:leſquels tindrent le Royaume à cauſe du bas aage dudict Charles le ſimple.Durant le regne dudict Louis le Begue, les Normans feirent grand ſaillie ſur les François:dont il furent viuemẽt repouſſez,& y eut grande occiſion. Ledit Louis le Begue mourut à Compiegne,& fut ſon corps inhumé en l'Egliſe noſtre Dame dudit lieu. Apres lequel treſpas,la Royne ſe retira auec ſon frere Roy d'Angleterre,ou elle demoura lõg temps, faiſant nourrir ſon fils. Du depuis les Rois de Frãce,n'õt point iouy de l'Empire de Romme.

Carlon Baſtard xxviii.
Roy de France.

De Carlon, ou karloman, qui fut le vinthuictiesme Roy de France, auec son frere Louis.

CARLON, & Louis, filz illegitimes de Louis le Begue, furent Roys apres le deces dudict Louis, & ce pour raison qu'il n'auoit laissé hoir pour y suceder, dont aduint vn grand trouble en Frãce: Car aucuns vouloient bailler le Royaume à Boson Conte de Prouence: & les autres praticquoient a le faire ioindre au Royaume de Germanie, & le bailler a Charles Empereur. Mais ce pendant Richeult vefue dudit Louis le Begue, acoucha d'vn fils, qui fut nommê Charles, auquel le Royaume appartenoit. Parquoy Carlon & Louis, prindrent le gouuernement du Royaume, à cause qu'il estoit besoing de faire teste aux Danois ou Normans, qui en ce temps faisoient de grandes entreprinses sur le Royaume de France: & continuerent la guerre l'espace de cinq ans auec telle furye, que les Frãçois furẽt presque sous leur mercy. Toutesfois il furent tant vaillaimẽt soubtenuz par Carlon, & Louis, en la bataille contre eux donnêe pres de chinon, sur la riuiere de Vienne, qu'il en demoura neuf mille, sans ceux qui se noyerent, en fuyant Ceste deconfiture, fut cause qu'il firent retraite, & allerent guerroyer les Anglois, apres qu'il eurent pris Metz, & Treues, aucuns disent que ce fut par argẽt qu'il leur fut baillê. Ces deux freres en fin moururent fort estrangement: Car Louis pousuyuant vn sanglier auec lespieu fut trauersê d'vn traict, que l'vn de ses gens persoit tirer à la beste, Et ainsi mourut en lan 4. de son regne. Quant â Carlon il mourut vn an apres, se rompant le col, ainsi qu'il entroit tout â cheual en vne maisonnette en poursuyuant de vitesse vne ieune fille qui en courãt se y retiroit pour se sauuer. Or pource quil estoit aisné, & quil suruescut son frere Louis, on luy attribue le nom de Roy, cõme s'il eust regnê seul. Apres donc quiceluy Carlon eut regnê cinq ans alla de vie â trespas lan 876. laissant vn fils nommê Louis, lequel print titre de Roy. Vray est quil neut lentiere admĩstration dudict Royaume, comme il sera dit cy apres. Et fut surnommê faineant, a cause quil fut de peu deffaict.

Louis dit faineant xxix.
Roy de France.

De Louis, dit faineant, vingtneufiesme, Roy de France.

LOVIS surnómé faineant, tint le Royaume de France, apres le decez de son pere Carlon, en l'an de salut 886. Auquel regne il se porta si mal, que chacun le reputoit, indigne de telle authorité. Iceluy Louis, fut si adonné à ses plaisirs & voluptez, que combien qu'il eut assez bon nombre de gens, que feu son pere auoit assemblez, pour resister aux Normans, (qui faisoient lors de grandes courses, endommageans le pais de France,) ne se meit en nul deuoir: mais comme lasche, & craintif feit accord auec eux, & leur promit bailler douze mille liures par chacun an, & ce iusque a douze ans. Parquoy les François, ne voulant estre tributaire ausdits Normans, déposerét ledit Faineát, & le firét Moyne, a S. Denis: ioint aussi qu'il estoit fort mal-voulu, pour auoir espousé (cóme par force) vne Nonnain de chelles saincte Baudour, pres Paris. Lors les Frãçois pour obuier aux opresions desdicts Normans, suplierent Charles le Gros, Empereur de Romme, fils de Louis, Roy de Germanie, & Nepueu de Charles le Chauue, de prendre sous sa protection, le Royaume de France, ce qu'il fit, & resista fort vaillamment, contre iceux Normans, qui estoyent reuenu pour la seconde fois, en nombre de 40. mille hommes, qui asiegerét la ville de Paris, bruslerent les Eglises & monasteres de S. Germain des prez, & saincte Geneuiefue qui estoyent lors hors la ville: mais iceux Normans & Danois furent de si pres poursuiuy, qu'il n'en eschapa vn seul, ceste victoire fut cause qu'ils n'oserent de long-temps rassaillir les François: ausi ledit Charles, voyant qu'il estoit imposible de compatir auec eux, sans leur laisser quelque habitation, fit accord auec leurs deux Ducs (ou Roys) l'vn nommè Godeffroy, & l'autre Sigiffroy: ausquels fut baillé le pais de Neustrie outre la riuiere de Seine: dont les habitans s'estoiét rebellez, Et fut lors ce pais appellé Normandie à cause de la nouuelle habitations des Dãnois, qui estoient decendus de Danemarc pais septemtriõnaux. Finalement Charles le Gros desgenera tant de son bon naturel, qu'il fut deposé de son regne & fut en telle necesité qu'a grand peine pouuoit il viure. I

Odo, premier du nõ,
xxx. Roy de France.

Du Roy Odo, premier de ce nom, trentiesme Roy de France

ODO, fils de Robert, Conte d'Angers (que les Normans auoyēt tué quelque peu deuant, en vne bataille) tint le royaume de France, apres Charles le Gros, en l'an de grace 891. Combien qu'il ne fut de la race de Charlemaigne. Mais les François, aymerent mieux estre gouuernez par iceluy Odo, que par l'Empereur Arnoul, qui vouloit occuper le Royaume par main forte. Durant le regne dudit Odo les Normans qui estoient vn peuple presque indomtable, ne voulerent rien tenir, des conuenances qu'il auoyent faict auec Charles le Gros, & recommenssant la guerre plus cruelle que deuant, vindrent auec grād e puissance assieger Paris pour la seconde fois, qui fut cause que les Moines de Saincte Geneuiefue, ausquels il auoyēt bruslé leur Monastere, qui estoit lors hors la ville, mirēt en leur prieres ordinaires, (A furore Normanorum, Libera nos Domine.) Or lesdits Normās par les cōtinuelles allarmes, que leur faisoit ce nouueau Roy Odo, furent contraints décamper, Mais se retirāt cōme à la desesperade, aulōg de la riuiere de Seine, fouragerent le pais de Brye & Champaigne, prindrēt Troye & plusieurs villes & Chasteau, qui furēt tous ruinez par feu, & par gleue. Et poursuyuāt leur furye, marcherent en Bretaigne: Mais les Bretons se deffendirēt si vertueusemēt qu'ilz gaignerēt deux batailles sur eux, ou il mourut 12. milles hommes. Enuiron ce temps, aucuns Barons de France,) estant suscité, par le Roy d'Angleterre) enuoyerent querir leur ieune Roy Charles le Simple, qui estoit nourry en Angleterre, ou sa mere l'auoit transporté, apres le trespas de son pere Louis le Begue, & fut couronné Roy de France, aagé de 14. ans dont Odo, qui estoit lors en Aquitaine, ne fut pas content: toutesfois auant sa mort (qui aduint ē lan 899.) il declaira que la Royaume de Frāce apartenoit audit Charles le Simple, & qu'il ne l'auoit tenu qu'en qualité de tuteur. Iceluy Odo, fut auteur d'auoir pour armes en France, les fleurdelis sans nombre, ce qui a duré iusque au Roy Charles sixiesme qui reprint les trois fleurdelis pour ses armes, à l'exemple du Roy Clouis premier Roy Crestien.

Charles le ſimple, xxxj.
Roy de France.

Du Roy Charles le Simple, qui fut le trentevnisme Roy de France.

CHARLES, surnómé le Simple, entra en possessió de son Royaume de France (apres que ses tuteurs & autres, eurent tenu la regence, d'iceluy) l'an 899. Auquel téps la guerre d'entre les Frãçois & Normãs, n'estoit encores bonnement assopie: oultre ce nouueaux troubles se brassoiét: dont estoient motifs Robert Cóte de Paris, frere d'Odo, nagueres regent, lequel auoit grandes intelleigences auec beaucoup des Seigneurs du Royaume, par le moyen desquels il faisoit plusieurs menées, pour auoir le gouuernement des François. Aquoy Charles donna ordre, faisant alliance auec l'Empereur Henry de la maison de Saxe. Et voyant que ledict Robert s'estoit faict couronner Roy, par Herue, Archeuesque de Reims, luy liura la bataille pres de Soissons, qui fut tant furieuse que ledit Robert y fut tué, & ses gens mis en route: dont Hebert Conte de Vermédois, beau frere d'iceluy Robert, fut fort fasché, ce quil dissimula quelque téps. Or pour obuier aux grãs inconueniens qu'il auenoit tous les iours par les continuelles guerres dentr'eux fut faict vn nouueau appointemét auec Roul, ou Rolo, par lequel le Roy luy bailla sa fille nómée Gille, en mariage, Moyénãt qu'il seroit baptisé: luy delayssãt pour dot, les terres depuis la riuiere d'Epte qui passe à S. Cler, iusque à la mer occeane: lesquelles terres qui estoiét lors appellées Neutrie, furét erigées en Duché, & nómées Normandie. Or finalement, Hebert voyant l'occation propre pour se venger, de la mort de son frere, pria le Roy Charles le Simple (passant par Peronne) de luy faire tant de faueur, que de receuoir le festin en son chasteau: Mais quãd le Roy fut entré leãs il le fit enfermer en vne tour ou il fut trois ans, & y mourut en grand misere. Durant sa captiuité, Hebert, & Hugues le grand Comte de Paris, qui auoient lors fort la vogue, le cótraignerent de resigner son Royaume à Raoul fils du Duc de Bourgógne: Et lors la Royne se sauua en Angleterre, vers son pere Edouard, Roy dudit lieu. Touchant le trespas du Roy Charles le Simple, il auint en l'an de grace 926. ayant regne, en tout, 27. ans, il gist à Saint Fourcy de Peronne.

Raoul de Bourgogne,
xxxii. Roy de France.

De Raoul de Bourgongne, qui fut xxxii. Roy de France.

RAOVL de Bourgõgne, fils de Richard Duc de Bourgõgne, qui estoit soutenu de Hugues le Grand, Conte de Paris, & de Hebert Cõte de Vermãdois: fut courõne pour trentedeuxiesme Roy de France, en l'an de salut 927. Et combien qu'il ne fut de la ligne des Rois, il fut neautmoings iouyssant d'icelluy Royaume tant par la faueur dudit Hebert, que de plusieurs Seigneurs & Barons de France: ioint aussi qu'il authorisoit fort son regne, de la resignatiõ que luy en auoit faict Charles le Simple, qne le Cõte Hebert tenoit prisonnier au chateau de Peronne. Parquoy il tint (selon aucuns) le Royaume deux ans, autres disent douze: mais ceste contradiction, se peut accorder à cause quil regnoit lors que Louis dit d'outre-mer, (fils de Charles le Simple) estoit encore en bas aage: toutes fois il regna peu selon mon aduis, à cause quil ne se trouue aucune chose de luy digne de memoire: vray est quil feit vng voyage en Italie, pretendant auoir l'Empire qui estoit lors comme en branle: mesmemẽt esperant guerroier les Sarazins, qui decendoient souuent à Naples: mais ses desseins tournerent en fumée: & combien qu'il eut vaincu vn Prince d'Italye nõmé Berenger, si est-ce que se sẽtant mal voulu des Italiens, se retira en France ou il deceda, d'vne maladie merueilleuse, c'est qu'il fut mangé des cirons nonobstant le remede des medecins. Enuiron ce temps, fut la seigneurie de Blois, erigée en Conté, & en fut le premier Conte, vn nomme Gillo, qui estoit parent de Raoul, Prince des Danois Normans. Il suruint durant ce regne, grand debat à Romme, pour les brigues & parcialitez, qui se firent en l'election du Pape: car Sergius ayant lauantage, contringnit Formosus à quicter Romme, qui s'en vint en France, ou apres y auoir esté quelque temps, il donna telle ordre à son affaire, quil fut fait Pape. Mais il mourut: incontinẽt parquoy ledit Sergius se remit au siege Papal, & par vengeance feit d'eterrer Formosus, & l'ayant faict habiller de ses ornemens pontificaux, & mettre au siege Papal, luy feit couper la teste, & gester son corps en la riuiere du Tibre, dont aduint grand scandale.

Louis doutre-mer
xxxiiie. Roy de Frãce.

Du Roy Louis quatriesme de ce nom, & trentetroisiesme Roy de France.

LOVIS, 4. de ce nom, surnómé d'outremer, à cause de sa fuyte en Angleterre, fut 33. Roy de France : & commença à regner l'an de grace 929. estant venu au mandement des Princes & Seigneurs François: qui l'asseurerent d'estre receu pour Roy. Au commencement de son regne, auoit vne guerre entre Henry de Bauiere, & Otho, Empereur: Et notez que Gisilbert, Duc de Lorraine, & Ebrad Palatin, estãs de la ligne de Bauieres, attirerẽt le Roy de leur party: mais peu apres il fit alliance auec Otho, & print sa seur Engeberge fille du premier Otho, en mariage (qui au parauãt auoit esté mariee au Duc de Lorraine), & par ce moyen luy ceda tout ce qu'il auoit en Lorraine. Le Roy estant de retour, fit pendre Hebert, Conte de vermãdois, qui auoit fait mourir son pere prisõnier: a cause dequoy Hugues le grand Conte de Paris qui auoit fort la vogue suscita les Normans à faire guerre: laquelle fut tant furieuse, que finalement apres long debats, le Duc Guillaume de Normandie fut tué par Arnoul, Conte de Flandres: Parquoy le Roy s'en alla à Rouen, pour se saisir de Richard, fils dudict feu Duc: mais il fut secretemẽt transporté es mains du Conte Bernard, grand Seigneur, en Normãdie. Et lors Hugues le grand, que le Roy auoit attire par promesse a tenir son party: fut de rechef rebelle, se mecontentant de quelque accort que le Roy auoit fait auec les Normãs: desquels ledit Hugues tint ouuertemẽt le party, & troubla si fort le Royaume, qu'il fit chãger de propos ausdis Normãs, lesquels ayãt adioit auec eux le Roy Aigrot de Dãnemarc (chassé de sõ pais) qui auoit plusieurs nauires au chef de Caux, furẽt les allarmes d'entr'eux si cautemẽt executee, que le Roy ayãt perdu plusieurs de ses cheualliers, fut prins & mené prisonnier à Rouen: dõt l'Empereur Otho, en estãt aduerty, vint en France, pour dõner ordre a tel desastre: Et fut par son moyẽ le Roy deliuré en baillant son fils Carlõ pour ostage : lequel y mourut. Or quãd Hugues Cõte de Paris, vit tel secours, & qu'il bastoit mal pour luy, il se rãgea a la volunté & discretion du Roy, lequel ayant regné 27 ans: deceda l'an de salut 945. & fut inhumé a S. Remy de Reims.

Lotaire, iiii. de ce nom,
xxxiiii. Roy de France.

Du Roy Lotaire, quatriesme de ce nom, xxxiiii. Roy de France.

LOTAIRE, 4. de ce nom, fils aisné de Louis Doutre-mer, fut couronné 34. Roy de France, l'an de grace 956. Au commencemēt de son règne Hugues le grand, Conte de Paris, gouuernoit toutes les affaires de France: lequel trespassa peu de temps, & fut enterré sumptueusement à S. Denis, laissant apres son deces, trois enfans de son espouse Aigonde: sçauoir Hugues Capet, Othon qui fut Duc de Bourgongne, & Henry, qui succeda à sondit frere, a ladicte Duché. Or faut noter que le Roy Lotaire, auoit vn frere nomme Charles, â qui l'Empereur Othon auoit baille la Duché de Lorraine, dōt Lotaire mal cotēt, fit marcher son armee iusques à Aix la chapelle, pour combatre iceluy Empereur, lequel fut tellemēt surpris, qu'il abādōna la place, & se sauua assez dificilement: parquoy les François poursuyuant leurs pointe, pillerent la ville & le Palais, ou il trouuerent de grāde richesses: dōt l'Empereur se resētāt d'vn teldōmaige, iura de s'en venger sur la ville de Paris: laquelle il vint assieger: ayāt ia fourragé les Prouinces de Reims, Soyssons, & Laon. Durant ce siege Hugues Capet, & Henry Duc de Bourgōgne, firent de si braues saillies sur les ennemis, que le Nepueu de l'Empereur, y fut occis auec plusieurs de ses gens, & furent par apres les escarmouches si souuēt cotinuées que contraint fut de déc amp er, & furent poursuiui si brusquement, qu'il en demoura si grand nombre pres de Soissons, que la riuiere d'Ayne en perdit son cours, pour l'abondāce des corps mors qui y estoyent: Toutes fois ledit Othon, & le Roy Lotaire parlementerēt ensemble, & firent paix, qui fut solennellement iurée d'vne part & d'autre: Et quant au dessusdict Duc de Lorraine, il feit sa demeure à Brxelles, ne s'exerceāt qu'à choses denéāt, dont il ne fut gueres estimé ne beaucoup aymé des Nobles. Or ayant ledit Clotaire, regné 31. an, alla de vie à tresbas, l'an de grace 986. Et fut enterré à S. Remy à Reims. Laissant vn sien fils vnique, nommé Louis, qui fut le dernier Roy, de la seconde generation en ligne masculine.

Louis cinquieme du nō
& xxxv. Roy de France

De Louis, cinquiesme de ce nom xxxv. Roy de France, & dernier de la seconde generation

LOVIS, cinqiesme, fils vnique de Clotaire quatriesme, succeda a la courone de Frãce, & fut sacré a Reims, lã de grace 987. & lã ensui uant mourut a compiegne ou il fut empoisonné selon aucuns, & fut enterré à saint Cornille dudit lieu, ne laissant aucun hoir pour luy succeder qui fut cause que le Royaume demeura en debat quelque temps. Car le susdit Roy, auoit vn oncle nommé Charles Duc de Lorraine, frere du feu Roy Clotaire (quatriesme qui lors demouroit à Bruxelles qui estãt soustenu de l'Empereur Otto son parẽt, leua vne armee, qu'il fit marcher sous l'espoir de venir prendre iouissance du Royaume qui luy appartenoit, comme estant le plus proche du Roy decedé en ligne colateralle: Et print dariuee les villes de Reims Laõ & Soissons, dont fut cõtraint Hugues Capet qui luy pẽsoit faire teste se retirer: mais peu apres reprenant les armes en main, mit vne grosse armee en campaigne, & asiega Laon, ou estoit ledit Duc Charles auec sa femme & enfans lequel fut trayhis, par Anceline Euesque de la Cité, qui mit de nuict dedãs la ville ledit Capet, auquel il liura Charles son compediteur, qu'il print prisonnier, & l'enuoia a Orleãs, ou il fut estroitement gardé auec sa femme & enfans. Durant les 16. annee quil fut en ceste captiuité, eut de sa femme, deux fils, & deux filles, l'vne des filles nommee Emenarde, fut mariee, a vn Conte de Namur, qui luy engendra Baudouin Conte de Namur qui eut vne fille nommee Ysabeau qui fut mariee à Philippes, Auguste qui eut d'elle son fils appellé Louis, pere de S. Louis, lequel nous disons estre decendu en ceste maniere de la ligne de Charlemaigne. Or retournãt à Hugues Capet victorieux, il soustenoit que le Royaume luy apartenoit, a cause de son oncle Raoul de Bourgõgne qui auoit possedé ce Royaume par resignation de feu Charles le simple: aussi maintenoit il, que son pere Hugues le Grand, auoit eu certaine reuellation que le Royaume de Frãce debuoit tumber en son lignage. Desquelles raisons il contenta aucuns François: ioinct aussi qu'il estoit homme expert & accort, pour gouuerner: qui fut cause qu'icelluy Duc prisonnier mourut en grande misere lan 1004.

Hugue Capet, xxxvi.
Roy de France.

De Hugues Capet, fils de Hugues le Grand, Conte de Paris, xxxvi. Roy de France.

HVGVES Capet, fils de deffunct Hugues le Grand Conte de Paris, & d'Aygonde, fille de l'Empereur Henry, fut premierement proclamé Roy des François à Noyon : & depuis sacré à Reims, pour trẽtesixiesme Roy de France, l'an de salut 988. Auquel regne il demoura paisible, tant par force, que par la faueur d'aucuns Seigneurs de France. Ioinct aussi que (comme nous auõs dict) Louis, Duc de Lorraine son compediteur, & à qui appartenoit la couronne de France, estoit par son cõmandement gardé en la tour d'Orleans, auec sa femme & deux de ses enfans: & n'y auoit nul qui osast maintenir son droit & y mourût en ceste captiuité, comme aussi ses deux fils, qui selon aucuns, furent empoisonnez. Parquoy iceluy Capet, prenant l'entiere possession dudict Royaume, fit son entree en la ville de Paris, Capitale de France : ou il fut receu auec liesse, & grand appareil des Citoyens. Et peu apres se voulant deffaire tous ceux qui luy pouuoyent nuyre, fit dêposer Arnolphe, Archeuesque de Reims, (frere bastrard du feu Roy Clotaire quatriesme,) hors de son siege: & y institua en son lieu Gilbert, Philosophe Aquitain, qui auoit instruict Robert, fils d'iceluy Capet, lequel Gilbert depuis fut faict Pape, & nommé Siluestre, fort taxé dauoir vsé d'art-Magique: ainsique Naucler le recite, au marché qu'il fit auec le Diable, pour paruenir à ladite Papaute. Or retournant à nostre propos, Hugues Capet, fit aussi couronner sondict fils Robert, des son viuãt, Roy de France à Orleans par ledict Gilbert Aquitain, sõ pedagogue. Puis estãt icelluy Capet aduerty que Arnoul Conte de Flandres sen mécõtentoit de l'vsurpation qu'il auoit faicte du Royaume de Frãce, mesme ne luy vouloit obeir ne faire homm age, il luy tint la bride si courte, qu'il luy osta par armes la Contê d'Artois, que peu apres il luy restitua, par les prieres de Richard, Duc de Normandie: & demeurerẽt d'accord ensẽbles. Apres que ledit Capet eut regne neuf ans, & ayant fondè Saint Magloire, à Paris: deceda de ce Siecle en l'an 997. & fut enterré à S. Denis en France, auec les autres Roy.

Robert, i.du nō, xxxvii.
Roy de France.

Du Roy Robert, premier de ce nom, xxxvii. Roy de France.

ROBERT, premier de ce nom, succeda a son pere Hugues Capet, au Royaume de France, l'an de salut 997. auquel regne il vescut en tresgrande prosperité : car il estoit homme fort debonnaire, & viuoit plus religieusement que Royallement, il s'adonnoit souuent à seruir de chappier, à chanter le seruice auec les Prestres, Et par deuotion fut en Pelerinage à Romme: Il fit bastir aussi plusieurs temples & Monasteres, ausquels il donna grosses rentes. & entre autres il fonda à Paris, S. Nicolas deschamps pres son Palais, qui estoit lors hors la ville, & nostre Dame deschamps: a Orleans nostre Dame de bonnes nouuelles, & S. Aignian: à Poictiers sainct Hilaire, sainct Marc, à Vitry, à Estampes l'Eglise nostre Dame, à Senlis sainct Rieule, & plusieurs autres en diuers lieux, aussi augmenta il fort labbaye de sainct Denis. Puis en l an 5. de son regne Henry Duc de Bourgongne, luy laissa par testament sa Duché laquelle fut debatue par Landry Conte de Neuers, qui estoit fort aymé & supporté des Bourguignons, qui toutesfois fut vaincu : Et Robert fils du Roy, en print la possession. Aussi la ville de Sens fut par confiscation adioustée à la couronne de France, pour aucun delict que le Comte Regnauld auoit perpetré. Et quelque temps apres, le Roy fit marcher son armée à Valentiennes, auec Richard Duc de Normandie, pour secourir Baudouyn Conte de Flandre, qui estoit rudement assailly de l'Empereur Henry, & lors la peste & famine furent fort grandes. Ledict Robert eut deux femmes, de la premiere nommé Constance, fille du Conte d'Arles il eut cinq enfans, Hugues, & Henry, Robert, Eudes, & Alison. Lesdits Hugues & Eude moururẽt auant luy, parquoy Henry fut Roy de Frãce apres luy, & Robert Duc de Bourgongne, Alison fut mariée à Regnault, Conte de Neuers, & depuis Conte de Flandres. Or apres que ledit Robert eut regné 34. ans il deceda de ce Ciecle. l'an 1030. son corps fut enterré à S. Denis en Frãce. Et sa femme Constãce fut enterrée en l'Abaye de Poissy, qu'elle auoit fõdée. laquelle à esté depuis fort augmentée en richesse tant par S. Louis, que autres Rois. L

Henry, trente huictiesme
Roy de France.

Du Roy Henry, premier de ce nom, xxxviii Roy de France.

HENRY, premier de ce nom fut courõné pour 28. Roy de France succedant à son pere Robert, en lan 1030. le Royaume fut debatu par sõ frere Robert alié, des Cõtes de Champaigne & de Flandres: mais Henry, qui estoit ia en possessiõ par l'aide de Rodert Duc de Normandie, & du Conte de Corbeil sõ oncle, gaigna le dessus, & ainsi en demoura paisible gouuerneur. Quelque temps apres, Raoul Roy de la haulte Bourgongne & d'Arle, ia viel, & ayant regne xxx ans, donna son Royaume à Conrad fils de l'Empereur, aquoy Eude Cõte de Champaigne, s'opposãt, prit les armes, pour paruenir audit Royaume, qui disoit luy appartenir par droit de sussesciõ. En fin, apres auoir par l'Empereur rompu sõ entreprise, fut ledit Royaume diuise en deux partie, dont l'une fut erigée en Conté & annexcée a l'Empire, & l'autre en Duché qui demoura au Sieur Robert, frere dudit Henry. Ce partage n'estant agreable audit Eude Conté de Champaigne, feit nouuelle guerre cõtre Gothelõ Duc de Lorrainé sur lequel il prit la ville de Bar, & autres places: mais il fut tue, & ses gens mis en fuitte. Or le Roy aduerty de la rebellatiõ du Conte de Meulan s'empara de sa Seigneurie, & l'adioingnit a sa couronne. En ceste mesme saison, Robert surnommé Guychart, Duc de Normandie, desirãt faire voyage en Ierusalem laissa sa Duché à son fils Guillaume le Bastart, duquel le Roy de France fut tuteur, & le rédit iouysant de ladicte Duche nonostant la resistãce faicte par les Normans. Icelluy Henry, eut deux fémes. La premiere mourut incõtinent. La seconde fut Anne fille du Roy des Ruthelois, en laquelle engẽdra trois ẽfãns: asauoir Philippe, quil feit courõner peu deuant son trespas, Hugues le Grand Conte de vermandois, & Robert qui mourut ieune: Finalement apres auoir regné 30. ans & crée Bauldouin pour tuteur de ses enffans deceda lan de salut 1060. & fut enterre à Sainct Denis, en France. En ce temps, estoient trois Papes à Romme qui furent, par l'Empereur Henry tous trois deposez. Et en leurs lieux, fut fait Pape Gratian, qui presenta audit Empereur, vne couronne de grand pris duquel il fut fauorize.

Philippe, i. du nom
xxxix. Roy de France

Du Roy Philippe, premier de ce nom, trenteneufiesme Roy de France.

PHILIPPE, premier de ce nom, succedant à son pere Henry, fut couronné trenteneufiesme Roy de France, l'an de grace 1061. pour la minorite duquel, estant aagé de neuf ans, Bauldouin Cõte de Flandres (qui auoit espousé sa tãte,) print la regéce du royaume, dõt plusieurs Seigneurs de France ne furent contens, sy falut-il en fin qu'il si acordassent, dautãt que ledit Bauldouin, leua sus vne armée de gens, desquelz (soubz couleur daller contre les Sarazins) feit teste a ceux qui luy vouloiẽt contredire, Or peu apres, le Roy d'Angleterre deceda sans hoirs, & par testamẽt créa son heritier, Guillaume le Bastart Duc de Normandie: aquoy Hauard frere de la Royne sopos a, & sempara du Royaume: mais ledit Guillaume, passa la mer, & luy feit si furieuse guerre, qu'il l'occit: futpaisible de la couronne. Durãt l'absence duquel il laissa son Duché de Normandie a son fils Robert qui traita sy rudement les Normans, que sondit pere fut contraint luy faire guerre, & en laquelle il fut abattu d vn coup de lance que luy donna son fils, sans qu'il en receust aucuns mal, & ce pour cause du secours qu'il eut de ses gens. Ledict Philippe print à féme Berte, fille de Bauldouin Cõte de Holande: de laquelle il eut deux enfans, Louis le Gros, qui fut Roy apres luy: & Constance qui espousa le Prince d'Aultriche. Ladicte Berte, fut de luy repudiée, pour le fol amour qu'il portoit à la femme de Foulques Cõte d'Aniou, laquelle il entretint sept ans, & ne se faisoit riẽ en Frãce, que par le cõseil d'icelle: Mais par les Censures du Pape Paschal, il fut contraint l'abandonner, & reprendre Berte sa femme. Puis en l'an 1095. fut entrepris le voyage doutre-mer, ou la plus part des seigneurs Chrestiens, nespargnerent rien pour satisfaire aux frais de leur entreprise: constituant pour leur chef Gaudefroy de Buillon, qui auec trois cens mil combatant, print le pais de Surie, & finalement Hierusalem dont il fut couronné Roy, auquel regne, il ne vescut qu'vn an: aussy le Roy ayant regné 49. ans deceda à Melun, l'an 1109. & fut enterré à Sainct Benoist, sur Loire.

Louis le gros, quaré-
tiesme Roy de Frãce

Du Roy Louis le Gros, quarentiesme. Roy de France.

LOVIS le Gros, ainsi nommé acause quil estoit grand & gros de corps, succeda à son pere Philippe premier de nom, & fut couronné à Orleans par l'Archeuesque de Sens, pour xl. Roy de Frãce lan 1109. Enquoy aucuns Seigneurs Françoys soustenus du Roy d'Angleterre luy dõnerent empeschemẽt,& fut en ceste besongne le frere Bastard du Roy principal motif:si est-ce que tout fut assopy. Cela faict la guerre des Anglois qui par six cens foys auoit este appointée, fut remise sus, qui dõna occation au Roy d'aller en Normandie mectãt Guillaume fils de deffunct Robert en possession dicelle, ou pour ce faict yeut quelque rencontre, en laquelle Baudouyn Conte de Flandres fut nauré à mort: & à luy succeda Charles fils du Roy de Danemarc, qui depuis fut aussi tué dedans leglise de Bruges. Dont le Roy tresmary passe prestement en Flandres, tant pour pugnir les mutins, que pour empescher que les Anglois, ne se saisissent dudit Conté, que le Roy bailla audit Guillaume Duc de Normandie, lequel peu de temps apres fut aussi tué, dont Theodoric Dolsare fut soubz la foy & homage du Roy, mis en sa place. Enuiron ce temps furent instituez les ordres des templiers, Chartreux, & de S. Bernard. Ledit Roy Louis eut de sõ espouse Alix six enfans: le premier fut Philippe qui fut courõné Roy du viuant de son pere lequel tombãt de dessus son cheual, fut tué par vng pourceaux, qui se foura ẽtre les iambes du cheual, par le deces duquel, son frere puisné fut courõné Roy, & fut nommé Louis le ieune: Le tiers fut Pierre seigneur de Courtenay, lequart Robert Conte d'Eureux & du Perche, le quint Hẽry euesque de Beauuois, & le sixiesme nommé Philippe fut Archediacre de Paris: l'Eueschẽ duquel il reffusa pour la faire bailler à maistre Pierre Lombard, pour lors en grãde reputation. Ledict Louis ayant fondé S. Victor à Paris, & regné xxviii ans, deceda de ce ciecle lan 1137. & fut inhumé à S. Denis. Enuiron ce temps, les vents furent tãt impetueux, quil renuerserent, plusieurs Chateaux, maisons, & hault arbres des forests: mesme la mer sen deborda en sorte, que plusieurs pais en furent noyez.

Louis le ieune, quarantiesme Roy de France.

De Louis, le ieune, dit le piteux, xli Roy de France.

LOVIS, le ieune, ayant esté couronné Roy de France du viuant de sõ pere Louis le gros, apres le deces duquel il entra en son regne lan de salut 1138. Il espousa Alienor, fille de Guillaume Duc d'Aquitaine. aumoien duquel mariage, fut adioint a sa couronne la Duché d'Aquitaine, & conté d'Aniou. En lan sixiesme de son regne, il entreprint le voiage de la terre Saincte, estant de ce requis par S. Bernard, qui estoit lors en grande reputation: auquel voyage, il fut en plusieurs perilz, par la pratique secrette que aucuns crestiens, Grecz auoyent auec les Turs: toutesfois poursuiuit son entreprise estant adioint des forces de l'Empereur Corad auec lesquelles, il âssiegea la cité de Damas: mais alocasion du discort qui suruint entre les souldats, le camps fut rompu: & lors le Roy, ayant visité Bauldouin Roy de Ierusalem, se retira en France, nom sans grans trauaux & perte des plus expers de ses gens de guerre: au retour duquel voyage, il repudia son espouse Alienor, pour l'opinion quil auoit quelle ne luy estoit point fidelle, & que par le moyen de son oncle (le prince d'Anthioche) elle l'auoit voulu traihir, au voyage d'outre-mer, ou il lauoit menée: mais quelque temps apers ladicte Alienor, qui estoit vne dame la plus acomplie en beaute & bonne grace qui fut en Frãce, & ayant de sõ patrimoigne la Duché d'Aquitaine, & Conté d'Aniou, se remaria à Henry Duc de Normandie: qui depuis fut Roy d'Angleterre: dont elle eut plusieurs enffans: ce mariage fut cause de plusieurs guerres ẽtre les Frãcois, & Anglois. pour icelle Duché d'Aquitaine & Cõte d'Aniou. Peu apres, le Roy print pour espouse, Constance fille du Roy d'Espaigne, qui deceda incontinent: pour troisieme fẽme, eut Allix fille du Cõte de Blois, de laquelle il eut vn fils, qui fut dit de Dieu donne, acause que le Roy, estoit ia viel, & sans esperance dauoir lignée. Ledit Louis, ayant regne 43. ans deceda lan 1180. fut enterre en labbaye de Barbeau quil auoit fait batir, auquel lieu la Royne luy feit construire vng tombeaux tres manificquement élabouré.

Philippe Auguste, xiii
Roy de France.

Du Roy Philippe Augufte, xlii Roy de France

PHILIPPE Augufte,(dit de Dieu donnê)fils de Louis le ieune,fut quarente-deuxiéme Roy deFrance, en l'an 1181.lequel ayant faits plufieurs Efdits contre les blaphemateurs, & chaffê les Iuifz hors de fes pais: rengea fi bien les cotereaux, qui eftoient vng peuple ramaffez faifant plufieurs infolence,quil en extermina la rafce. Iceluy Philippe auguementa fort la ville de Paris: conftituant en icelle les efcheuins y faifant établir les halles, pauer les rues, fermer de mur S.Innocent & fortifier icelle Cite de haulte tours & fortes meurailles,clore le bois de Vincienne: de fon regne fut aussi pourfuyui le baftiment tres artificiel de noftre Dame de Paris qui eftoit i'a arê de terre. Puis en l'an 1196.f'eftant acoftê de Richard Roy d'Angletrre, feit le voyage de la terre Saincte, foubz lefperāce de reconquerre Ierufalem que Saladin Soudan d'Egipte auoit prife fur les creftiens:auquel voiage par le peril de mer,perdit grād nombre de fes vaifeaux: nonobftant ce,il aborda es marches de Sirie ou il print, la cite de Tholemaide: Mais voyant la pefte en fon camps(& fe deffiant auffy du Roy d'Angleterre)fe retira en France, Peu apres, eftant ce Roy Richart,reuenu d'outre-mer,fémeut nouuelle guerre ētre le Roy Philippe & luy: dōt furēt les batailles rēgēe pres d'Ifoudun: mais eftans prefts de f'entre choquer,iceluy Richart ce fentāt en hazar d'eftre deffait, vint tout defarmê f'humillier vers le Roy Philippe, auquel il feit l'hommage du Duchê deNormādie &des Contés de Ponthieu, & Poitou: mais ce Richart mort luy fuceda fon frere Iehan fans terre qui tua Artus Conte de Bretaine fon nepueu: dont le Roy print telle vengence qu'il conquict fur luy Normandie, Aquitaine, le Maine, Aniou, Poitou & Auuergne. Oultre ce pour rompre l'aliance que fe Roy Iehan auoit fait auec l'Empereur Othon,& Ferrant Conte de Flandres il leur liura vne batatille tanr prudenment excecutêe, qu'il mit en fuyte ledit Othon: print le Conte d'anmartin, & mena prifonnier le Conte Ferrāt au louure à Paris:dont il fut dit philippe le cōquerāt, lequel ayanr regne 43.ans deceda l'an 1223.Il gift à S.Denis.

Louis, huictiesme de ce
nom, xliiie Roy de France.

Du Roy Louis, hutiesme, de ce nom xliii Roy de France.

LOVIS, huictiême de ce nom, fils de Philippe, dit Dieu dôné, fut 43 Roy de France, lan de salut 1224. Durant le regne de son pere, il auoit faict plusieurs cõqueste sur le Roy Iehan d'Angleterre: lequel fut par les assaults dudit Roy Louis, contraints d'écamper, de deuant le chasteau de la roche au moine, quil auoit assiegé: mesme il fut tant vigouruśement poursuyuit, que le pais d'Aniou, demeura soubz l'obeissance de sõ pere Philippe. Et peu apres, les Seigneurs d'Angleterre, ayant grãd discord contre leur Roy, manderent iceluy Louis, pour le faire iouissant du Royaume d'Angleterre: ou il fut auec si grosse armêe, quil paruint iusque en la ville de Londre: mais peu apres voyant l'infidelitê des Anglois qu'il ne luy tenoyent promesse, se retira en France. Au commencement de son regne suruint vng certain homme, qui ressembloit tant naifuemẽt à Baudouin Conte de Flandres (qui estoit mort en guerre outremer cõtre les infidelles.) qu'il feit acroire facilement aux Flamans quil estoit leur Cõte, reuenu d'outre-mer, ce qui fut cause, que la ieune Contesse (soutenãt quil nestoit son pere) vint à recours vers le Roy: qui y pourueut à son pouoir, mandant ledit hõme à Peronne: ou il fut si subtilment interrogé, que sa faussetê fut cõgnue: & finalement apres plusieurs tourmens, de gehennes fut pendu, au pourchas de ladicte Contesse: Depuis il auint que Louis parlementa auec Federic Empereur de Romme, & renouuela l'alliance & fraternite entre les Francois & Allemans. Puis fit marcher son armée sur Auignon, laquelle il prnit & rasa, pour chastier les habitans, qui tenoient l'opinion des Albigeois, que lon reputoit heretiques: Iceluy Louis eut de son espouse six filz, & deux fille, le premier fils eut nom Philippe (qui mourut ieune) le second fut S. Louis (qui fut Roy apres luy) le tiers, Robert, Conte de Artois, le quart, Alphõse, Conte de Poictiers, le cinquiême, Charles Cõte d'Aniou, & de Prouuence, & depuis, Roy de Sicile) & le sixiesme, Iehan: qui mourut ieune. Puis ayant regne 3. ans deceda à Monpensier à son retour d'Auignon lan 1226 Il gist à S Denis.

Sainct Louis, neufiesme de ce nõ xliiiie Roy de Frãce.

Du Roy Sainct Louis, neufiéme de ce nom, xliiiie Roy de France.

LOVIS, neufiéme de ce nom, quarentequatriesme Roy de Frãce, succeda à sõ pere Louis, huitiesme: lan de salut 1227. qui à l'extremite de sa vie ordonna dame Blanche son espouse, au gouuernement du Royaume: à cause du bas aage de son fils: dont aucuns Seigneurs de France ne furent pas trop contens, ains prirent les armes, pour y donner empeschement: mais ce different fut pacifié par la prudence de ladite dame: laquelle donna si bon ordre à rembarrer les Anglois, qui estoient descendus, pour troubler la Frãce: qui s'en ensuiuit vne paix, solemnellement iurée: en ceste facon, que le Roy d'Angleterre tiendroit, à foy & hõmage, du Roy de France, toute l'Aquitaine, en quictãt tout le droict, par luy pretendu sur la Normandie, Ponthieu, le Maine, & Poictou. Et pour autãt que le Roy estoit lors sãs guerre, il s'excerceoit voulontiers à viure religieusement, instituoit plusieurs cõuents, hospitaux, faisant aussi bastir beaucoup de sumptueux temples, & grands edifices. quil enrichisoit de grosses rentes: & portoit telle faueur aux lectres, qu'il erigea le coliège de Sorbonne de Paris. Puis en lan 23. de son regne, il s'embarqua auec ses freres, Princes & cheualliers François, pour conquerir la terre Saincte: ou d'Ariuée quil fut en Barbarie, il print Damiette, ou il fit quelque seiour, & de la s'en allant assieger Mancõte, fut si rudement assally du Soudan d'Egipte, que finalement il fut pris & ses gẽs presque tout tué toutefois le Roy fut deliuré, en rendant la Cite de Damiette, & payant vne tresgrose rãson. Or durant sa captiuite s'eleuerent en France grande quantite de pasteurs qui faisoient de grandes pillerie fingnãs aller en la terre Saincte: qui furent deffaits par ceux de Bourge & d'Orleans. Le Roy estant de retour en France, chatia les blaphemateurs & aultre telle gẽs de mechãte vie. Or ce bõ Roy ayãt faict plusieurs tres cheritables euures, & donné bon ordre a sõ Roy'aume, voulut encore guerroier les Sarrazins. ou il me[illegible] ses tois filz, auec grand excercite de guerre: & ayant aborde l'Afrique print Cartage & alla assieger Thunes ou il deceda en l'ã 1270. & de sõ regne 44. il fut aporte à Sainct Denis en Frãce & depuis canonise.

Philippe, tiers de ce
nom, xlve Roy de Fr.

Du Roy Philippe, tiers de ce nom, fils de Sainct Louis, xlv Roy de France.

PHILIPPE, tiers de ce nom dit le hardy, fut proclamê pour 45. Roy de France, estant en son camps ou-tremer deuãt Thunes apres le deces de son pere Saĩct Louis, en lan de salut1271. ou estoit de nouueaux ariué audit cãps, Charles, Roy de Cecille son oncle, auec l'aide duquel, fut donnê vne tant furieuse allarmes au Roy de Thunes, qu'il fut pris & ses gens descõfis: mais pour euiter les mala dies qui endomaigoiẽt grandemẽt les crestiens, fut fait voille pour retourner en France, ou le vent fut si cõtraire que dixhuit grans vaisseaux furent enfoncés, & quatre mille homes noyez. Or ce Roy Philippe estãt de retour en Frãce vescut fort discrettemẽt, & sadõnoit voluntiers àpacifier les differẽs: & entre autre, il moyẽna la treues entre les Venitiens & Geneuois pour cinq ans: feit acorder au Concille de Lion l'article du Sainct esprit sur lequel les Grecz & Latins estoient en differents. Receut Iehanne heritiere de Nauarre en sa garde apres le deces de Henry pere dicelle. Icelluy Philippe eut de son, espouse Isabel d'Aragõ, troys enfans cest assauoir Louis, philippe surnommé le Bel, & Charles de Valois, duquel sont descenduz ceux de Vallois. Sa seconde espouse fut dame Marie de Brebant, qui fut taxée dauoir practiqué la mort de Louis, fils aisnê du Roy: qui en fut si dolent, qu'il enuoia deux Euesques, vers vne beguine deuineresse, pour scauoir la veritê, du faict: mais tout ce pourchas vint à neant. Peu apres, pierre Broche grand chambellan du Roy fut pendu, tant pour auoir faulcement acusé la Royne, aussi mal vsé des finances du Roy, & pour lintelligence quil auoit eut auec le Roy de Castille. Et en lan 1281. furent tuez le iour de Pasques à lheure de vespres, tous les Françoys estant en Cecille: dont Charles oncle du Roy fut fort courroucé, & ce meit en tout deuoir d'en prendre vengence, & recouurer la Cecille qui luy appartenoit, presentant le combat a pierre d'Arragon autheur dudit murtre le quel en fin fut tué par vne embuscade de François. Or apres que le Roy eut pris Gennes & Gironne, retournãt en France deceda à Parpignan l'an 1285. Il gist à S. Denis en France. N*

Philippe le Bel, quarãtesix-
iesme Roy de France.

Du Roy Philippe le Bel, quatriéſme de ce nom, xlvi Roy de France

PHILIPPE le Bel, fut apres le deces de ſon pere couronné quarante ſixieſme Roy de France, en lan de ſalut 1286. il eſpouſa Iehanne heritiere de Nauarre dont il eut quatre enfãs, ſcauoir eſt Louis Hutin, Philippe le Long, Charles le Bel(qui furent ſuceſſiuement Roys de France apres leur pere) & vne fille nommée Iſabel, mariée à Edouard deuxieſme de ce nom Roy d'Angleterre. Au cõmencement de ſon regne il fit ediffier le ſumptueux Palais de Paris. Son frere Charles de Valois print ſur les Anglois Bordeaux, & preſque toute la Guyenne, & ce pour cauſe que les Anglois auoient contre leur fermẽt endonmagé la Normãdie, ſurquoy le Roy d'Angleterre ſen voulant venger ſallia auec l'Empereur à Dolphe, & practicqua Guy Cõte de Flandres à delaiſſer le party du Roy: ce qui fut occatiõ de la guerre d'entre les François & Flamés qui dura bien xv. ans durãt leſquelz iceluy Guy & ſes deux fils, furent faictz priſonniers Le Roy ayant vaincu les Flamens mit garniſons es villes fortes de Flandres, ce qui tant les irrita quil ſurprirent & occirẽt toutes les garniſõs en leurs litz couchez. Dõt le Roy aduerty fit marcher ſõ armée à Coulteray qui fut ſi mal cõduite que les Flamés emporterẽt la victoire, & y furẽt occis les Cõtes d'Artois de Neſle, & de Sainct Pol: mais peu apres le Roy ne perdant courage leur donna la recharge tãt furieuſement pres le mont de Pouille quil y deffit xxxvi mille hõmes, aumoien de laquelle deffaicte les Flamens furent cõtrainctz demãder paix, laquelle leur fut accordée, payant au Roy deux cens mille eſcuz. peu apres le Pape Boniface eſtant indigné contre le Roy le declara excommunié donnant le Royaume à l'Empereur Albert, qui pour cela nen fit nulle guerre au Roy, lequel fut depuis abſoubz par le Pape Benoiſt. Durant le Papat duquel le ſiege fut transferé de Rõme en Auignon & y cõtinua 70. ans. Le Roy Philippe eſtãt à Fontaine-bleau lieu de ſa nayſance deceda lan de ſalut 1313. & le 28 de ſon regné il giſt à Sainct Denis, en France.

Louis Hutin, quarãteseptiesme Roy de Frãce.

Du Roy Louis Hutin, dixiesme de ce nom, xlvii. Roy de France

LOVIS, surnõmé Hutin, fils de Philippe le Bel, auparauant Roy de Nauarre, (à cause du deces de Madame Iehãne de Nauarre, sa mere) fut 47. Roy de Frãce, en lan de salut 1314. auquel tẽps, il permit au Iuifz retourner en Frãce, & viure en leur religion Iudaique. Aussi pour soulager les parties pledoyãte en matiere d'apel, il aresta sõ conseil au Palais de Paris, qui estoit nouellemẽt acheué de bastir: dont Enguerrant de marigny Conte de longue-uille, auoit eu la charge: lequel fut acusé, par Charles de Valois, (õcle du Roy) d'auoir faict plusieurs larcins, tant sur ledit bastiment, que sur les finãces du feu Roy Philippe, dont il estoit general. Outre ce, il estoit noté d'auoir retint trẽte mille escus, que le Roy Philippe auoit enuoié au Pape. Item de s'estre faict dõner quarente mille liures du décisme que le Pape auoit permis leuer: toutefois le Roy n'auoit enuie de le faire mourir neust esté qu'il fut aduerty, que la fẽme dudit de marigny, faisoit faire par vng magitien quelques ymages de cire, tẽdant par c'est enchãtemẽt le faire mourir, parquoy le Roy cõmanda que lon vuida son proces & fut condãné d'estre pendu au gibet, & sõ ymage (qui estoit posée sus laporte du Palais) iestée du hault des degres, mesme l'échãteur fut aussi pendu pour ceste mesme cause. En ce tẽps Rodes fut prinse sur les Turcs par les cheualliers de S. Iehan de Ierusalem. Peu apres, le Roy voyant que Robert Cõte de Flãdres, ne vouloit tenir lacort par luy faict, enuoia son armée iusque à coultray sous l'intention de les renger: mais les grãdes pluyes empecherent l'euxcecutiõ de ceste entreprise: toutefois les Flamens craingnans la recharge acorderent au Roy ce quil requeroit. Ledit Hutin eut deux fẽme de sa premiere (qui fut soeur de Robert Duc de Bourgongne) eut deux filles la premiere nõmée Iehanne, espousa Philippe Cõte de Dreux dont sõt ysuz les Roys de Nauarre, la secõnde nommée Blanche, espousa Philippe de Valois: la secõde, fut Clemẽce, quil laissa, enceinte d'un fils, qui ne vescut que huict iours, parquoy nest mis au nõbre des Roys, Ledit Hutin ayant regne 18. mois, deceda aubois de Vinciẽne lan de grace 1316. Et fut enterre à S. Denis en France. N 3

Philippe le Lõg, xviii
Roy de France.

Du Roy Philippe, le Long, cinquiesme de ce nom, & xlviii Roy de France.

PHILIPPE le Long, (ainsi surnommé pource qu'il estoit hault & gresle) fut couronné quarant-huictiesme, Roy de Frãce, l'an 1316 succedant à son frerre Louis Hutin, qui auoit laissé dame Clemence son espouse enceinte d'ung fils, qui fut nommé Iehan qui ne vescut que huict iours. Aumoien dequoy ledit Philippe fut iouissant du Royaume nonobstãt le Debat que feit le Duc de Bourgongne au contraire, soustenant ledit Royaume appartenir à Iehanne fille dudit Louis Hutin, & femme de Philippe Conte d'Eureux & Roy de Nauarre: mais la loy Salicque contredisoit à toutes les raisons, dudit de Bourgongne. Ledit Philippe eut trois filles: la premiere, nommée Iehanne, fut mariée à Odon Duc de Bourgõgne la seconde, espousa Louis Conte de Neuers, & depuis, Conte de Flandres, duquel mariage, vint Margueritte de Flandres, qui fut mariée, à Philippe le Hardy, fils du Roy Iehan, & depuis Duc de Bourgongne, & Cõte de Flandres. La troisiesme fille, fut mariée au Daulphin de Viennois, à loccation desquelz mariages aduint vng accord general ẽtre lesdictz Princes, & mesmes la guerre de Flãdres fut assopie. Durant ces mesmes iours, suruint vne grãde peste, par l'empoisõnement des puitsque les ladres (incitez par les Iuifz) firent en France: & en furent les coupables griefuement pugnis, & pour ce faict, y auoit à Vitry en Partois, quarante Iuifz prisonniers lesquelz pour euiter de mourir par les mains des crestiẽs s'entretuerent tous l'ung laultre dont les corps furent brulez par apres. Le Roy permit de despẽdre du gibet le corps d'Enguerrãt de mariguy & fut enterre au Chartreux, & depuis porte à Nostre Dame descouis. Or voulãt le Roy faire leuer quelque certain impost sur ses subiectz ne peut onc les y faire cõsẽtir. Apres auoir par luy faict certaines ordõnances politiques, voulut quil n'auroit en tout sõ Royaume qu'vne mesure, vng poix, & la monoie dũg mesme pris & valeur mais en ces entrefaictes il deceda de ce ciecle le cinquiesme de son regne, l'an de salut 1320. ne layssant hoir masle pour luy succeder

Charles le Bel, xlix
Roy de France.

Du Roy Charles, quatriesme, de ce nom, dit le Bel xlix Roy de France.

CHARLES le Bel, fils de Philippe quatriesme, & frere du Roy Philippe le Long, succeda à la couronne, par ce que ledit le Long estoit decedé sans enffans masle, & fut quaranteneufiesme Roy de Frãce, en l'an de grace 1321. auquel temps, fut pẽdu au gibet de Paris, vn nõmé, Iourdain de l'ille, qui auoit espousé la mere du Pape Iehã, & ce pour auoir cõmis plusieurs crimes fort énormes, & entre autres d'auoir tué vng sergent royal (qui luy faisoit vng exploict) de sa masse mesmes qu'il portoit. Et peu apres, suruint quelque debatz entre le Roy Charles, & le Roy d'Angleterre (qui auoit espousé la sœur) acause de quelque place surprise en Gascõgne: dont Charles de Valois oncle du Roy, rẽbarrats tant furieusemẽt lesdits Anglois, quil conquict sur eux presque toute Guyẽne. Et enuiron ce temps, Dame Isabel, soeur du Roy, vint d'Angleterre en France, auec sõ fils, laquelle feit certaines plaintes & doleance, du Roy Edouart son mary qui se gouuernoit en toutes ces affaires, selon le conseil Pernicieux de Hugue le despécier son fauoris: aquoy le Roy y voulant donner ordre, renuoya ladicte Dame accompaignée de Iehan de Henault, qui estoit homme fort experimenté en guerre, lequel ayant passé la mer auec grosse armée, poursuyuit si bien son entreprise à l'ayde d'aucuns seigneurs d'Angleterre (que la Royne auoit attiré de son party) que le Roy fut pris, & mis sous la garde du frere au Duc de l'Enclastre, auquel il auoit faict couper la teste: ce Roy mourut prisõnier, & fut son fils courõné en son lieu, lequel feit hõmage du Duché de Guyenne, Perigort, & Limosin au Roy son oncle. Or peu apres Charles repudia Blanche son espouse qui estoit prisonniere au Chasteau gaillart pour l'adultere par elle commis: & eut pour secõde femme, Marie de luxembourg, qui mourut incontinent, & depuis par dispence du Pape, espousa Iehanne fille de sõ oncle Conte d'Eureux. Finalement ayant regne sept ans, deceda au Bois de Vincienne, en l'an de alut 1227 laisant son espouse grosse d'une fille qui fut nommée Blanche. il gist à S. Denis. O

Philippe de Valois, cinquã tiesme Roy de France-

Du Roy Philippe de Valois, cinquantiesme Roy de France.

PHILIPPE de Valois, cousin germain des trois Roys precedens, decedez sans enfans masles, fut tellemẽt fortifiẽ de la loy salique qui ne reçoit nulle femme à succeder à la couronne de Frãce que quelque droict que le Roy Edouard d'Angleterre pretendoit comme representant le chef de sa mere, sœur desdicts trois Roys fut neantmoings du consentemẽt de tous les estatz couronnẽ Roy des François en l'an 1328. Peu apres ayant liure bataille au Flamés rebelles à leur Conte son vassal eut victoire sur eux & les rendit obeissans. A sõ retour en Frãce accorda aux gens d'Eglise ce quilz pretendoient sans respecter les remonstrances de son segretaire maistre pierre Cuignere fondees sur ce que le clergẽ entreprenãt trop sur la prerogatiue du Roy: lequel en ce mesme temps receut hõmage du Roy Edouard d'Angleterre, acause des terres quil tenoit en France. Quelque temps apres, ledit Edouard oubliant son serment, luy feit cruelle guerre par l'aide des Flamens, de rechef reuoltez contre leur Conte: tellemẽt quil sintitula Roy de Frãce mesmemẽt en pris les armes: dont aduint qu'il desconfit l'armẽe naualle du Roy Philippe pres l'escluse: mais quelques treues que eussẽt peu accorder entre eux, la guerre recõmenca si furieuse que le Roy Philippe fut vaincu pres Crecy: la ou presque toute la noblesse de Frãce fut tuée, de la vint que la ville de Calais n'ayant peu estre secourue des Frãçois fut prise par les Anglois: depuis treues fut accordees entre les deux Royaumes: durant lesquelles le Roy Philippe acquict le pais du Daulphine, à lacharge que le premier fils de Frãce en seroit seigneur, & sapelleroit Daulphin de Viẽnois Ledit Philippe eut deux fẽmes, sa premiere fut Iehanne de Bourgõgne: dõt il eut trois enffans, assauoir Iehã qui fut Roy apres luy, Philippe Duc d'Orleãs, & Marie qui espousa le Duc de Breban: sa secõde fẽme fut Blanche fille du Roy Louis Hutin qui laissa grosse d'une fille à sõ trepas: qui aduint en l'an de salut: 1349 de son regne le vingtdeuxiesme. Il gist à Saint Denis en France.

Iehan, premier du no
li. Roy de France.

Du Roy Iehan, premier de ce nom, li' Roy de France

IEHAN, fils vnique de Philippe de Valois, fut couronné 51 Roy de France en l'an 1350 au commencement de sõ regne il institua lordre des Cheualliers de l'estoille: & peu apres, soy deffiant du Roy de Nauarre son gendre, qui debatoit la Conté de Champaigne le feit mectre prisõnier: dont aduint que son frere Philippe subsita les Anglois à decendre en Guyẽne, ou le Roy auec son armée les deuancea pres de Poictiers: mais les Anglois qui auoiẽt voulu apointer, se rengerent en des fors halliers in'aſſeſſible ou il furẽt rudemẽt aſſalis des François: sur lesquels il tirerent tãt de trais que, la plus part estant naurẽ se mirent en fuite qui fut cause qu'iceux Anglois firent vne sallie qui fut tant cruelle, que le Roy ayant perdu grand nombre de ses cheualliers y fut pris auec plusieurs notables seigneurs, & fut menẽ en Angleterre par le victorieux Prince de galles, Durant la captiuite du Roy, les Parisiens ayant deliurẽ ce Roy de Nauarre, firent plusieurs esmoctions, tant pour empescher le cours de la monoie qui estoit nouellement forgée, qu'en fauorisant audit Roy de Nauarre, duquel il firent leur capitaine qui troubla grãdemẽt le Royaume, & ce par le moien de l'Euesque de Laon & d'Estienne Marcel preuost des marchans qui feit armer plusieurs seditieux, qui apres auoir faits plusieurs murtres, les mena au Palais ou il tuerent deux Marechaux de France en la chambre du Daulphin: lequel pour se sauuer de ceste furie, fut contraint changer son chaperon, à vng des couleurs de la ville rouge, & pers: mais quelque tẽps apres ce Marcel fut tuẽ ainsi quil vouloit forcer la Bastille: dont aduint, que Charles Dauphin, malgré les Nauarrois fut declaré regent en France & s'aquicta tant bien de ceste charge, quil feit paix aux Anglois par le traité de Bretigny, retirãt le Roy Iehan son pere, de captiuité, moiẽnant plusieurs terres quil leur conuint bailler, auec, trois cent mille escus: toutefois le Roy estant de retour en France voulut retourner en Angleterre pour retirer ses hotage, ou il deceda en lan 1363 ayant regne 13. ans duquel lieu son corps fut aporté à Sainct Denis en France.

Charles le quint, cinquã
tedeux Roy de Frãce.

Du Roy Charles le quint, dict le Sage cinquante-deuxiesme Roy de France

CHARLES, cinquiesme, succeda à son pere Iehan, l'an 1364. Et fut 52 Roy de Frãce: il fut en son regne si heureux qu'il recõquist sur les Anglois, tout ce que son pere auoit perdu: nonobstant la resistance faicte par le Prince de Galles, fils d'Edouard Roy d'Angleterre: lequel Prince fut tãt vigourusement rembarré par les Frãçois quil fut contraint laisser Guyenne, Sainctonge, Poictou, Perigord, Quercy, & le Limosin, & se retirer es marches du Bordelois. Vray est que Robin Canolle cheualier Anglois pour luy donner secours sortit hors de Calais, & trauersa tout le Royaume de Frãce auec grand exercite de guerre faisant grand dõmage par tout ou il auoit l'auantage: mais par la cõduicte des Ducz d'Aniou, Berry, Bourgõgne & de de Bourbõ, & Vaillance de Bertrand du Guesclin, Connestable de France, telle entreprinse des Anglois ne sortit grand effaict: ains vne grande partie de France fut deliurée de la subiection des Anglois, qui firent de rechef (en sortant de Calais,) vne cheuauchée de trẽte mille hõmes, conduits par les Ducs de l'Enclastre, & de Bretaigne lesquels s'efforsoient d'enuahir la France: mais il furent suyuy & contrerouté de si pres, quil n'en eschappa que ceux qui se purẽt sauuer à la course. Ces guerres ne se firẽt sans grãs fraiz: dõt il cõuint au Roy mettre gabelle sur le sel & vin. Ioinct aussi que la Bastille de Paris fut edifiée en ce tẽps, aux despens du Roy: lequel fut surnommé le Sage, pour ce quil estoit du tout adonné à iustice. Il fit traduire la Bible & plusieurs autres liures, en langaige françois. Puis ayãt heureusement regne lespace de dixsept ans, ala de vie à trespas, qui fut l'an de grace 1380. laissant de son espouse Iehãne de Bourbon, trois enfans, scauoir est Charles (qui fut Roy apres luy) & Louis qui fut Cõte de Touraine, & depuis Duc d'Orleans) & vne fille nõmée Katherine. Ledit Louis, Duc d'Orleans fut marié auec Valentine, fille de Galeace, Duc de Millan, & de madame Isabeau de Frãce fille du Roy Iehan: duquel mariage sõt procedes les illustres maisons d'Orleans & d'Angoulesme: dont descendit le Roy François, premier, de ce nom.

Charles, sixiesme du nom liiii. Roy de Frãce

Du Roy Charles, sixiesme de ce nom, cinquante-troisiesme Roy de France.

CHARLES, sixiesme de ce nom, succeda à son pere Charles le Quint, en l'an 1380. Et par-ce quil n'auoit que sept ans, il fut soulz la tutelle de ses õcles, Les Ducs de Bourbõ & Bourgõgne: Mais Louis Duc Daniou fut nommé regent, & eut le gouuernement de plusieurs milliõs dor (que le feu Roy auoit laissé) qui furẽt en peu de iours dissipé: mesme le peuple fut tãt affligé de nouueaux Imposts que grãde seditions en aduindrent à Paris, qui tuerent tous les fermiers du Roy à lexemple desquelz ceux de Rouen & d'Amiens en firent autant: dont les Parisiens en furent rudement chastié au retour de la bataille de Rosebec, gaingnée sur les Flamens, rebelles à leur Conte. Quelque temps apres, le Roy voulãt venger lexces que le Seigneur de Craon, auoit faict à Oliuier de Clisson son Connestable, & allant en Bretaigne. pour ce faict. deuint cõme frenestique: dont ceste emtreprise delaissée, fut le Royaume de rechef gouuerné par les Princes du sanc, entre lesquels suruint telle enuie pour le regard des Finãces, que ceux du Royaume se diuiserent en ses deux partialitez, d'Orleãs & de Bourgongne: dont il sensuiuit plusieurs murtres & seditions, nomement par les Bouchers de Paris qui tenoient le party du Duc de Bourgõgne, lequel feit tuer de nuict à Paris, le Duc d'Orleãs frere du Roy, pour lequel homicide aduint plusieurs guerres ciuilles tresdomagables au Royaume de France, pource que les Anglois cõquirent durant ses troubles, presque toute Normandie, gaingnant la bataille d'Azincourt ou grand partie des nobles de France furẽt occis, mesmes les Ducs d'Orleans, & de Bourbon, furent prisonniers. Et cõme l'estat de France estoit presque en proye, fut tué le Duc Iehan de Bourgõgne, parlemẽtant sur le pont de Montereaux, auec l'Daulphin Charles, ce qui estonna ceux de Paris, qui tenoint son party lesquels sûbsiterẽt Philippe fils du feu Duc de Bourgongne, de prendre ayde des Anglois, ce quil feit Et lors Paris fut mis & plusieurs bõnes villes de Frãce entre leurs mains, qui possederẽt soubz vmbre du mariage de leur Roy, auec Catherine fille du Roy Charles pour lors troublé de son sens: & mesmes apres sa mort qui aduint an l'an 1422. ayant regne 42. ans, fut courõné à Paris le ieune Roy Angloys. P

Charles, ſeptieſme de ce nom, liiii. Roy de F.

Du Roy Charles, septiesme de ce nom, liiiie. Roy de France.

CHARLES, septiesme de ce nom, 54. Roy de France, succeda à son pere Charles sixiesme, par le consentemēt des principaulx Seigneurs de France, nonobstant le traicte de mariage d'entre le Roy Henry cinquiesme de ce nom, Roy d'Angleterre, & Catherine de France, sœur diceluy Roy Charles, par lequel les Anglois pretendoyent la courōne de Frāce appartenir à leur ieune Roy Henry sixiesme, au nom duquel le Duc de Betfort, son oncle, tenoit la plus grāde partie du Royaume: tellemēt q'uen qualite de regēt, il faisoit seeller & monnoyer, au nom dudit Henry: & ne restoit au nouueau Roy Charles, que les Pais de Poictou, & de Berry, dont les Anglois le nōmoyent par moquerie Roy de Bourges. Toutefois encores tenoit-il la ville d'Orleans: qu'il alerent assieger, à leur grand perte & honte: car plusieurs bons Seigneurs, & Capitaines François (telz que le Bastard Iehan d'Orleans, la Hire, & Poton) les chascerent de ce siege, ayānt en leur compaignie vne fille nommée Iehanne la Pucelle: qui tellement manioit les armes qu'on l'estimoit auoir esté enuoyée de Dieu pour ayder à establir le Roy Charles en son authorité, & ietter les Anglois hors de son Royaume. Et de faict estant par les François gaignée la bataille de Patay en beausse, & plusieurs villes recouurées, le Roy fut conduit à Reims la ou il fut sacré & couronné: cōme peu apres les Anglois firēt aussi courōner leur Roy Henry à Paris. Mais depuis s'estāt le Roy Charles reconcilié auec le Duc Philippe de Bourgongne qui laissa le party des Anglois par l'appointement, d'Arras, il reconquit subtillement la ville de Paris, l'an de salut 1436 Et lors furent assopies les patialitez d'Orleās & de Bourgōgne. Peu apres, les treues d'entre les Frāçois & Anglois, furent rompuē: dont aduint, qu'en l'an 1446. le Roy recouura sur les Anglois, le Pais de Normandie. Et depuis ayant gaignée la iournée de Fremigy & de Chastillon: ou leur Capitaine Talbot fut tué, il reconquict toutes la Guiennes ne leur restant en Frāce que Calais. Le Roy ayāt mis son Royaume, en paix, & regnē 38. ans, il deceda l'an de salut 1460. Il gist à S. Denis en France.

Louis, onziesme de ce nom, lv. Roy de Frãce.

Du Roy Louis, onziesme de ce nom, cinquante-cinquiesme Roy de France.

LOVIS, onziesme de ce nom, estant auec le Duc de Bourgongne côme fugitif de son, pere, Charles septiesme: & apres auoir receu les nouuelles de sô deces, fut côduict par iceluy Duc, sô parêt iusques à Reims, la ou il fut couronné pour 55. Roy de France en l'an 1461. Au cômencement duquel regne, il desapointa & cassa plusieurs bons & loyaulx seruiteurs, de feu sô pere, retenât pour son côseil, gens de peu d'estime, côme Iehã Doiac, Oliuier le damp, & Iehã Ballue qui fut Cardinal: dôt plusieurs Seigneurs, s'estât ioinct ensembles, & attiré, Charles frere du Roy de leur party, luy firêt guerre ouuerte, qui disoient faire pour le bien puplicq: en sorte que la bataille en fut dônée à Môtlhery, ou le Côte Charrolois chef de l'entreprise eut l'auantage. Toutefois le Roy, en dissimulant pour rompre leurs factions, les contenta à leurs vouloir, fut de finances, d'estats, Seigneurye, ou appanage. Peu apres, ce Conte Charrolois, fut Duc de Bourgongne par le deces de son pere. Il retint le Roy comme son prisonnier à Peronne: le côtrignât d'assister à la prise de la ville du Liege, ce quil feit à son tresgrand regrest, a pres laquelle prise estât en Frâce, institua les Cheualliers de l'ordre Saint Michel: auquel têps, Charles sô frere, lors Duc de Guienne, mourut de poison: dôt le Duc de Bourgôgne (qui auoit enuye d'emouuoir guerre pour retirer les villes de la riuiere de Sôme) imposa la coulpe de ceste mort au Roy, susitant l'Anglois à decendre en France: ce quil feit auec grosse armée: mais le Roy apaisa ceste guerre, tant par le traitè de Piguegny que par la tresue faicte audit Duc de Bourgôgne, qui fut peu apres tué deuant Nancy, guerroyant les Lorrains: dôt le Roy se saisit de sa Duché, & des villes de Môdidier, Perône Roye, Amiés & autres, desquelles y fut iouissât, nonobstât la resistâce de Maximillian d'Aultriche qui espousa l'heritiere de Bourgôgne Côtre lequel perdit la iournée de Guignegaste: toutefois, paix fut entr'eux accordée par le traitè de mariage d'entre Charles Daulphin, & Margueritte de Flâdre. Le Roy ayât regne 23. ans, & faict excecuter de mort, le Côte S. Paul, & le Duc de Nemours, il deceda l'an 1483.

Charles, huictiesme de ce nom, lVi Roy de France.

Du Roy Charles, huictiesme de ce nom, cinquante- sixiesme Roy de France.

CHARLES, huictiesme de ce nom, fils vnique de Louis 11. luy succeda à la couronne, & fut 56 Roy de Frãce, en l'an de salut 1484. Et daultant quil auoit enuiron 14. ans, les estats assembles â Tours, ordonerẽt quil ny auroit aucun regent en France, & que les lettres & choses d'importance, se depecheroiẽt par le cõseil, soubz le nom du Roy: dequoy Louis Duc d'Orleans aspirant au gouuernement ne se peut contenter, & ayant faits plusieurs menées pour y paruenir se retira en Bretaignes, ou il fut poursuyui de si pres, que ayãt perdu la bataille de S. Aubin, il fut pris prisõnier, auec le prince d'Orange son coadiuteur: mais le Roy le feit deliurer peu apres, à la requeste de Iehanne de France son espouse, qui estoit sœur du Roy. Enuiron ce temps, le Roy ayant repudié Margueritte de Flãdres, & renuoyée â son frere L'archeduc, auec lequel il feit paix, luy rendant la Conté d'Artois, pour laquelle il faisoit guerre en Picardie, il espousa madame Anne heritiere de la Duché de Bretaignes, par lequel mariage vint l'union dicelle Duché à la conronne de France. Le Roy fortt cosiẽtieux, rẽdit la Contè de Rousillon au Roy Despaigne, que feu son pere auoit acquise. Parquoy se voyant en paix, voulut recouurer le Royaume de Naples, qu'on disoit luy appartenir, par feu René Roy de Cicilles & Duc d'Aniou: dont il eut sy heureux succes, que sans coup ferir il s'en feit courõner Roy: parce ue le Roy Alphonce, & son fils Ferdinant (craĩgnãt les François) s'en estoiẽt fuis & y fut laissé Gilbert de Monpencier pour vice-roy. Mais ainsi que le Roy voulãt se retirer en France, il fut assallis â Fornoue d'une telle furie par les Romains, Venitiens & Millanois, quil fut en grand hazart de sa personne: toutefois, il chargea ses ennemis (qui estoient bien dix contre vng) dune telle hardiesse, quil en raporta vne memorable victoire, & par mesmes moien deliura le Duc d'Orleãs assiegé dedans Nouarre: ayãt faict paix auec Ludouic Duc de Millan. Finalement apres auoir receu nouuelles du reuoltement de ceux de Naples, & regné 14. il deceda à Amboise l'an. de salut 1467. ne laisãt aucuns ẽffans pour luy succeder. Il gist à S. Denis en France.

Louis, douziesme de ce nom, lvii. Roy de F.

Du Roy Louis, douziesme de ce nom, cinquante-septiesme Roy de France.

LOVIS, douziesme de ce nom, fut 57. Roy de France, succedāt à Charles huictiesme, comme son plus prochain heritier, l'an 1499. Au cōmencement de son regne, il repudia Madame Iehanne de France, fille du feu Roy Louis vnziesme, & espousa Anne de Bretaigne vefue du Roy son predecesseur. Et peu apres ayāt estably parlemēt à Rouen, & donné reglement à l'Vniuersité de Paris, feit conqueste de la Duché de Millan, & de Gennes, nonobstāt la resistāce de Ludouic Sforce lequel fut pris & amené en France, ou il mourut prisonnier. Enuiron ce temps, paix fut traictée auec l'Archeduc, le Roy des Romains, & Ferdināt d'Espaigne, qui neantmoings vsurpa sur les Frāçois le Royaume de Naples, quil auoyent de nouueau conquise: dont le Roy ne fut pas content, lequel en fauorisant au Pape Iulles, luy feit restituer Boulōgne la Grace, occupée par Bentiuolle, & dompta les Geneuois en sorte, quil feit decapiter Pol de Nouis chef de leur rebelliō: Puis se ietta tāt rudement sur larmée des Venitiens, quil obtint la victoire à Aignadel, ou fut prins Bertholomé d'Aluiane leur capitaine: & furēt lesdictz Venitiens, reduictz presque à lextremité. Mais peu à pres, ce Pape, se mōstrāt ingrat, (& plus martial que diuin) se bādā auec iceux Venitiens: dont le Roy enuoya Gastons de foix pour leur resister, & feit tel debuoir quil print Boulōgne, & gaingna la bataille de Rauēne, ou (pour s'estre trop aduancé) il fut occis. Ce Pape Iulles faché de telle perte, donna au premier conquerant les Royaumes de France & de Nauarre, qui fut vsurpé par le Roy d'Espaigne. Oultre ce le Pape suscita les Anglois, Venitiēs, le Roy des Romains, & les Suisses à guerroier le Roy de France: dont aduint quil fut assally de toute pars, tāt des Suisses à Digeō que des Anglois à Therouēne, laquelle il prindrēt, & gaignerent la iourneé des esperons: toutefois le Roy vint à chef de ses affaires, tāt pour auoir fait teste à ses ennemis que par la paix quil feit auec le Roy d'Angleterre, duquel il prinst la sœur Marie, pour son espouse auec laquelle il ne vescut que trois mois. Il deceda à Paris l'an de grace 1514. ayant regné 17. ans. Il gist à S. Denis en France auquel lieu luy fut érige vn sepulchre tresmanifique.

Francois, premier de ce
nom, lviii. Roy de Frãce

Du Roy Francois, premier de ce nom, lviii. Roy de France.

FRANCOIS, premier de ce nom, comme plus proche parent du feu Roy Louis douziesme, luy succeda à la couronne de Frãce, en l'an de grace 1515. Auquel regne, il se maintint si grauemẽt, qu'il fut en admiration à toute l'Europe, pour les graces, & vertus, dõt il estoit tresaccõply. Il fut tãt affectiõne aux lettres qu'il erigea à Paris estudes des trois langues, qui nous sont apresẽt fort familieres: par mesme, moyen il restaura les ars liberaux, presque abatardis à faulte d'estre pratiquez: dont il acquit, le nom, de Pere & restaurateur des sciences. Aussi fut-il à bon droit renõme d'estre le paragon en L'art millitaire: ce quil mõstra par le coup d'essay, quil en feit en la deffaicte des Suisses, cõqueste de Millan, prise de Fõtarabye, & aux rembarrement faicte aux forces Imperiales, adioincte des Anglois, qui endomaigoiẽt son Royaume, tant du costè de Messiere, qu'en la frõtiere de Picardie. Vray est, qu'en cõtinuãt la guerre pour recouurer Millã (occupée de Frãcesque Sforce,) fut par les Imperiaux tãt rudemẽt assallis, (en son camps deuãt Pauye,) qu'il fut prins, & menez en Espaigne, l'an 1524. Et lors fut le peuple Frãçois, fort affligé, tant par ce dessastre, que pour la famine qui suruint, à cause des bled gelez en terre: aussi fut l'Ille de Rodes prinse par le Turc Soliman. Finallemẽt apres le traicté de Madril pour le retour du Roy en Frãce, fut faicte la paix à Cambray laquelle dura iusques en l'an 1535. au quel temps, le Roy se saysit de la Sauoye & du Piedmõt. Depuis ayant repoussé l'Empereur de Prouuence, trẽues furent entr'eux accordée pour dix ans: dont aduint qu'iceluy Empereur, passa en grand reception aü trauers de la France, allant en ses Pais bas: ou estãt venu à chef de ses desseins, fut la guerre recõmencée, qui fut aussy apres plusieurs allarmes apointée, lan 1544. & sur le point que les Anglois auoyẽt pris Boulõgne sur la mer: cõtre laquelle le Roy feit soudain dresser quelque forts, pour tascher à la recouurer: mais il deceda à Remboulliet, l'an de salut 1546 ayãt regne 32. ans laissãt de Madame Claude sa premiere espouse, trois enffans à sauoir Héry, qui fut Roy apres luy Charles Duc d'Orleans, & Margueritte de France.

Henry, ii. de ce nom, lix.
Roy de France.

Du Roy Henry, deuxiesme de ce nom, lix. Roy de France.

HENRY, deuxiesme de ce nom, fut couronné 59. Roy de Frãce en l'an 1547. succedant à son pere François de Valois: lequel ne degenerãt en rié, des louables vertus de sõ dit pere, dõna secours aux Escossois, & tint la bride si courte aux Anglois, quil print dassault, les forts quilz tenoyẽt alẽtour de Boulõgne. sur la mer, laquelle fut aussi tant furieusement assalie, quilz furent contrains d'apointer, & quiter la place es mains du Roy. Et en l'an 1552. il feit le voyage Dallemaigne, pour maintenir la liberté d'aucuns Princes Allemans: dont il estoit requis. Auquel voyage, il mit la ville de Metz en Lorraine, sous son obeissãce, & print à son retour Danuilliers, Yuoy, Mommedi, & aultres places retraite de ses ennemis. Puis ayãt accordé auec le Pape Iulles, deliura la Mirandole & Parme: remit Siene en son antiquité liberté, que les Espaignolz occupoyent: pendant lequel temps, l'Empereur vint assieger Mets, ou il consõma sans riens faire grãd nõbres de ses gens, tãt par les furieuses saillyes faictes sur eux que pour la rigeur de l'yuer. Et depuis le Roy Henry poursuyuãt ses desseins: Fut par luy prise Mariembourg, Bouines, & Dinãt, nonobstãt la resistãce de l'Empereur, qui fut brauement repousse à Renty, ou il sefforcã de deffaire les Frãçois: mais en fin tresues furẽt accordẽe qui durerẽt peu de tẽps, acause de quelques escarmouches: dõt aduint que le Roy Philippe voyant les forces Françoise occupée en Italye, (soubz la conduite du Seigneur de Guyse,) vint assieger Saint Quantin, & gaingna la iournée de S. Laurent, qui endomagea grandement les François, à cause dequoy, le Roy ayant rasembles, ses forces, eut selõ sõ souhait sa reuange, en la conqueste quil feit de Calais, Guynes, Hames, & Cõté d'Oye, sur ledit Roy Philippe: qui peu apres sestãt cãpez pres d'Amiens, ou le Roy luy feit teste, paix fut entr'eux conclue, par le moyen des mariages diceluy Roy Philippe, auec Elizabeth fille ainée de Frãce, & du Prince de Piedmont, auec Margueritte sœur vnique du Roy Hẽry, pour la ioye desquelz, & receptiõs des Princes estrangers fut ordonné vn tournoy, ou ledit Roy Henry courãt en lice fut blessé d'vn coup de lance en la teste: dont il deceda le 10. iuillet 1559.

Francois secōd de ce
nō, lx. Roy de France

Du Roy Francois, deuxiesme de ce nom, soisantiesme Roy de France.

FRANCOIS, deuxiesme de ce nom, fils ayné du feu Roy Henry, fut couróné pour soisantiesme Roy de Frãce, en l'an de grace 1559. Du viuãt de son pere, il espousa Madame Marie, fille de feu Iacques Stuart cinquiesme de ce nom, Roy d'Escosse, par lequel mariage il estoit aussi Roy d'Escosse, ou il enuoya quelques Infanterie Françoise, pour tenir main forte contre aucuns, qui si estoyét éleues pour le faict de la religion, auec lesquels furét faits quelques apointemẽts. Le Roy, au commencement de son regne, voulut conduire sa sœur nouuellemẽt mariée au Duc de Lorraine: & s'estãt retiré à Amboise, ou il faisoit son seiour, suruint en ce lieu quelque tumulte, par aucuns quilz disoyent vouloir preséter requeste pour le faict de leur religiõ, ce qui ne fut trouué bon, (par le conseil qui estoit lors,) à cause quil y estoyẽt venu en armes dont sensuyuit quelques executions & suplice de mort: mais le tout s'apaisa pour ceste fois, par la publicatiõ de l'edit d'abolution pour ceux qui s'estoyent retire hors de l'Eglise Romaine. Et peu apres le Roy tenant vn grand & solennel cõseil à Fontainebleau, fut presentée requeste de la part des François, quilz disoyẽt vouloir viure, selon la reformation de l'Euãgile, & Sainte escripture, laquelle requeste tẽdoit à suplier le Roy, quil luy plut leur donner licence d'auoir des Temples ou autres lieux comodes pour publiquement prier Dieu, prescher & ouyr sa parolle, administrer les Sacremens, & y faire apparoir de leur créance, affin aussi d'estre deschargés des crimes & calónies, que faulcement on leurs imposoit, surquoy ne leur fut rien accordé: toutefois le Roy, remit ceste affaire aux estats quil pretendoit tenir en brief temps, & pour ce faict feit publier que chacun eust à produire librement, ses plaintes & doleances, aquoy il desiroit pourueoir: mesmes sur ce quilz trouueroyent bon pour le bien, & repos public: ordónãt que les gouuerneurs des prouinces visiteroyent ce pendant les villes de leurs charges, pour éuiter que aucuns troubles n'y aduint: mais lors quil estoit en armes à Orleans pour donner ordre à ce que dessus vne maladie le surprint en loreille, si cõtagieuse quil en deceda le 5. decẽbre 1560.

Charles, neufiesme de
ce nõ apresent regnant

Du Roy Charles neufiesme de ce nom, apresent Regnant.

CHARLES, neufiesme de ce nom, fils de Henry deuxiesme, fut couronné 61. Roy de France, apres le deces de son frere Frãçois en lan 1560. & par ce quil n'auoit qu'enuirõ vnze ans, les affaires du Royaume furent gouuernée par la Royne sa mere, & Anthoine de Bourbon, Roy de Nauarre, qui fut son Lieutenant general en attendant l'aagé de sa maiorité, ce qui fut fort agreable aux estats, qui furét tenus à Orleãs ou fut ordõné plusieurs choses necessaires, pour le soulagement du public. Outre ce, le Roy suyuãt l'aduis des plus doctes personnes de tous les Parlemens de son Royaume, (sur le fait de la religion) feit publier vn Edit en Ianuier, 1561. par lequel il permetoit à ceux de la religiõ (pretẽdue reformée) de faire presche & tout autre excereice dicelle, hors les villes seulement, qui fut cause, que ceux tenant ce party, s'efforcerent de maintenir & auancer icelle religion à leur pouuoir, ce qui fut pris en si mauuaise part d'aucuns leurs compediteurs, quil s'esmut entre les Frãçois, plusieurs seditions tumultes partialités, & finalemét vne cruelle guerre ciuille, qui à esté cause de plusieurs saccagemẽs de villes, & de peuples: par ce que beaucoup de gens desesperes soubz pretexte de la religion, faisoient des inhumanitez incroiables: mesmemét ceste guerre se cõtinua en sorte qu'vne bataille en fut dõnée pres de la ville de Dreux, ou furét occis plusieurs notables Cheuälliers, & grand nombres de gens d'vne part & d'aultre: mais par la prudence de la Royne, (apres la mort du Roy de Nauarre, & du Seigneur de Guyse occis deuãt Orleans,) fut le tout pacifie, & feit le Roy publier l'Edit de pacification donne le 19 de Mars l'an 1562. par lequel fut permis, à ceux de la religiõ d'en faire exercice, tant dedans aucunes villes de France que hors icelles. Et lors les deux armees iointes ensembles, fut repris le Haure de Grace, que les Anglois occupoiét. Puis le Roy s'estant mis en sa maiorité, visita la plus grande partie des villes de son Royaume ou il fut receu en grand ioye des habitans, & continuãt iceluy voyage alla trouuer sa sœur la Royne d'Espaignes qui l'estoit venue veoir iusque à Bayonne, ou elle fut receue auec triumphes admirables.

Pieté, & Juſtice.

S. Pierre, en ſa premiere Eſpitre Ch· ii.
à tous Creſtiens

Portez honneur à tous. Aimez fraternité. Craignez Dieu. Honorez le Roy

Sonnet, Au Roy Charles neufiesme, Sur sa Deuise,

PIETATE, ET IVSTITIA.

QVi est-ce qui pourra redorer vostre France,
De cest or ancien du siecle bien heureux,
Si vous continuez à estre desireux,
Que la Foy, & la Loy y facent demeurance.
La foy vous ouurira les thresors d'abondance.
Que la grace de Dieu fait decouller des cieux:
La Loy fera qu'en terre on se ployra mieux
Dassouz le ioug sacré de vostre-obeissance.
Par la Foy, Dieu sera d'vn chacun adoré,
Par la Loy, vous seres d'vn chacun honoré,
Le seruice de Dieu causant vostre seruice
Et le Ceptre puissant, Sire, que ie vous voy,
Pour racines ayant, & la Foy & la Loy,
Pour ses fruictz produira Pieté & Iustice.

15 67

multorum procerum Franciae consensu. Etsi Henricus Anglorum rex
Catharinam Caroli filiam uxorem despondisset, eiusque nomine dux
Bedfordiae ~~regnum~~ regem Francici multas urbes multaque oppida
anulo et sigillo anglico litteras publicas subsignaret
fecerit. Carolus huius nominis 7. Carolo 6. patri in admi-
nistratione partis regni Gallici successit ~~is ... pictonibus et biturigi~~
his miseris temporibus tantum pictonibus et biturigibus legem dabat hinc per
ludibrium ab Anglis rex biturigum nominabatur. Aurelianum tamen
tenebat quam Angli non sine suo magno ~~...~~ malo et dedecore
obsederunt, repulsam enim turpiter passi fugere coacti fuerunt
multis proceribus Franciae et Joanna nobili puella divinitus missa
fugantibus. Ac paratam Anglis fusis multis urbibus receptis ~~...~~
Carolus 7. Remis rex auguratus et ~~...~~ corona regia decoratus fuit. Ad cuius
exemplum Britanni postea Henricum Lutetiae Parisiorum in aede
Divae Virginis coronarunt. Rex percusso foedere cum Philippo Burgundiorum duce apud Atrebates subtiliter Lutetiam Parisiorum redegit tum
Burgundiorum et Aurelianorum simultates et inimicitiae sopitae
sepultaeque fuerunt. Induciis cum Anglo factis ad irritum redactis Normanniam
rex in ditionem suam redegit postea Talboto ad [illegible] Aquitaniam
et omnia oppida ab Anglis in Gallia occupata praeter Calesium ~~...~~
recepit. ~~pacatis omnibus~~ cum omnia in regno ad tranquillitatem redegisset
e vivis cessit et in sepulchro Sandionysiano conditus fuit.

A Francisco Valesio patre vita cessit Henricus huius nominis secundus regni Galliae sceptra tenuit. Scotos a Britannis ~~oppressos~~ armis oppressos auxilio iuvit et regis Britannorum superbiam ita depressit ut propugnacula Boloniae Belgicae circumiacentia dederet Boloniamque restitueret. quorundam principum Germaniae precibus motus ~~libertatis vindicandae~~ libertatis vindicandae causa in Germaniam armatus venit. Mediomatricum urbem ~~[illegible]~~ multaque oppida hostium populi Gallici latibula et receptacula in suam ditionem redegit. Cum Iulio tertio pont. max. foedere icto Mirandulam et Parmam liberavit et Senensem ab hispanis occupatam pristinae libertati restituit. Caroli quinti Imperatoris conatus ~~[illegible]~~ furiosos insultibus et hostium obsidione repressi fuerunt. Cum rex ... persequeretur cepit Marieburgum Bovinas et Dinantum repulso Imperatore a Renti postea induciae breves propter ... pacta factae fuerunt. Cum rex Hispaniarum Philippus animadverteret Franciscum Guisianum ducem copias militares in Italia occupatas Sanquintinum oppidum Galliae Belgicae obsedit et duce Sabaudiae Gallos profligavit et Joannem Borbonium Angianum comitem ... sed rex hanc cladem ulturus Calesium multaque alia oppida cepit cum Philippo pacta ... ad ... regis ... ut Philippus Elizabetham maximam natu regis filiam uxorem et Emanuel Philibertus princeps ... Margaritam regis sororem coniugem haberent. Rex ... in ludis ... in ~~[illegible]~~ capite vulneratus 10 July 1559 decessit ... ~~[illegible]~~ maioribus ... sepultus iacet.

pedagogus sive pedagogulus [illegible], [illegible] capite; corpore [illegible], fronte [illegible] ac [illegible]
[illegible] [illegible] [illegible] [illegible] [illegible], [illegible] [illegible] [illegible] [illegible], [illegible] apte
[illegible] [illegible] [illegible] [illegible] [illegible] [illegible] [illegible] cogitans homo [illegible] [illegible] [illegible] [illegible]
[illegible] [illegible] [illegible] pedagogus [illegible] [illegible] [illegible] [illegible] [illegible] [illegible] [illegible]
[illegible] [illegible] [illegible] [illegible] [illegible] [illegible] [illegible] [illegible] [illegible] [illegible]
[illegible] [illegible] [illegible] [illegible] [illegible] [illegible] [illegible] [illegible]
[illegible] [illegible] [illegible] [illegible] [illegible] [illegible]
[illegible] [illegible] [illegible] [illegible] [illegible]
[illegible] [illegible] [illegible] [illegible] [illegible] [illegible]
[illegible] [illegible] [illegible] [illegible] [illegible] [illegible]
[illegible] [illegible] [illegible]

[illegible]

[illegible]

humble et obéissant

Guillaume

Guillaume

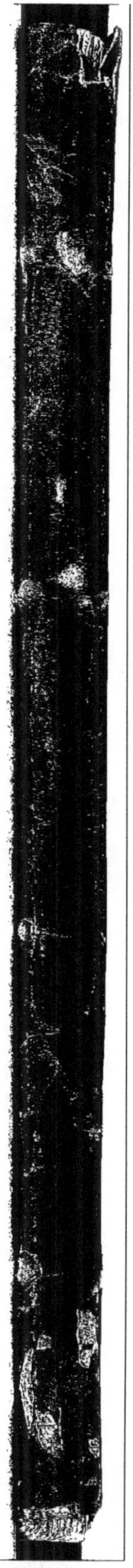

www.ingramcontent.com/pod-product-compliance
Lightning Source LLC
Chambersburg PA
CBHW071804090426
42737CB00012B/1946
9782019535803